KB025665

그것은 사유가

아니다

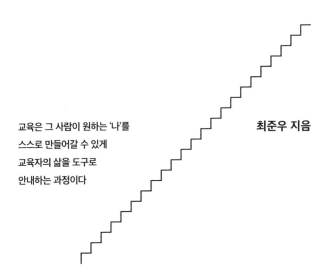

그것은 교육이 아니다

교육은 그 사람이 원하는 '나'를
스스로 만들어갈 수 있게
교육자의 삶을 도구로
안내하는 과정이다

최준우 지음

스토리닷

지(知)　교(教)　육(育)　행(行)

프롤로그

카카오톡을 켜서 채팅 검색창에 AskUp을 쳐 보라. 검색해서 나온 AskUp 채널과의 대화에서 '진정한 자유란 뭘까?'라고 쳐 보라. 1분도 안 돼 꽤 괜찮은 글을 볼 수 있게 된다. 이렇게 ChatGPT가 대본을 쓰고 Soundraw가 작곡을 하고 Stable Diffusion이 그림을 그려주고 Runaway의 생성 AI가 동영상을 만들어주는데 이 모든 과정이 채 10분도 걸리지 않는다. 이 과정에는 작가, 기자, 작곡가, 일러스트레이터, 동영상 편집자가 없다. 자율자동차가 다니고 로봇이 커피와 음식을 만들어주는 이때, 이제 우리는 무엇을 배워야 하는가?

인생에서 중요한 건 속도가 아니라 방향이랬다. 하지만 대부분의 사람들이 그 방향을 모른다. 지금까진 그 방향을 몰라도 어떻게든 살아졌다. 그러나 이제는 다르다. 방향을 모르는 사람들은 서서히 직업을 잃어갈 것이다. 그렇다면 그 방향이란 무엇인가?

방향이란 바로 의도다. 지금 하는 행동의 이유를, 나아가 삶의 방향을 아는 것이다. 삶의 방향이 있어야 바람이 불면 이게 순풍인지 역풍인지 알 수 있다. 방향이 없으면 바람이 불어도 그냥 휩쓸려 갈 뿐이다.

　　단순 지식이나 방법만을 전달하는, AI가 대신해줄 수 있는 교육은 교육이 아니다. 그것은 정확하게 지식의 전달이라고 불러야 한다. 교육은 삶의 방향을 만들어 주어야 한다. AI와 대결하는 것이 아니라 AI를 도구로 쓸 수 있도록 의도를 만들어 주어야 한다.

　　제대로 된 교육은 학생들에게 의도를, 삶의 방향을 만들어 준다. 그 삶의 방향은 바로 내가 원하는 '나'를 만드는 것이다. '나'는 찾아지는 것이 아니다. 만들어가는 것이다. 제대로 된 국어 공부는 삶의 가치를 올려준다. 아침에 일어나 느껴지는 햇볕의 따스함부터 가족의 따뜻한 말, 샤워할 때 물의 감촉 같은 것의 가치를 알게 해 주지 못하면 25세 이후 그저 몸에 맞난 것을 주고 편하게 해 주는 것만이 삶의 가치가 된다. 제대로 된 수학 공부는 삶의 여러 문제를 해결해주는 과정을 고안하고 직접 해결할 수 있도록 도와준다. 이런 제대로 된 교육은 제대로 된 교육자가 필요하다. 그 교육자는 이러한 것들을 본보기로 보여주어야 한다. 그래서 학생들이 그 교육자를 보며 나도 나중에 저렇게 나이 먹고 싶다를 느끼게 해 주어야 한다. 교육은 그 사람이 원하는 '나'를 스스로 만들어갈 수 있게 교육자의 삶을 도구로 안내하는 과정이어야 한다.

　나는 명함에 이렇게 적었다. '공부란 더 나은 사람이 되기 위해 하는 것이다.' 이걸 읽은 어떤 사람이 나에게 물었다.
　"정말요?"
　난 그 사람 얼굴을 한참 들여다 보았다. 그리고 말했다.
　"그럼요."

　《이솝우화》에 이런 얘기가 있다. 개구리들이 모여있다. 촌장 개구리가 어린 개구리에게 알려주고 있다.
　"우리는 매일 여기에 모여서 노래 부른다. 우리의 노래는 모든 동물과 곤충들에게 감동과 행복을 주고 있다. 세상의 모든 운명은 우리가 부르는 노래에 달려있다. 그 증거로 달님을 봐라. 우리의 노래에 따라 모습이 점점 커진다. 세상의 평화와 행복을 위해 열심히 노래 부르자."
　어린 개구리들은 감동하여 더욱 열심히 노래 불렀다. 그리고 다음 날 달은 어제보다 조금 더 커졌다. 개구리들은 더욱 크게 울었다. 어느 날 달은 보름달이 되었다. 개구리들은 자신들의 노래에 감동하여 달이 가득찼다며 기뻐서 더욱 크게 울었다. 촌장 개구리는 너무 기쁜 나머지 연못 밖에 길로 나갔다가 지나가는 사람들의 발에 밟혀 죽었다.
　사실 개구리들은 수명이 그리 길지 않다. 그래서 달이 커지고 작아지는 과정을 본 개구리는 드물었다. 곧 새로운 촌장이 나타났고 그 촌장은 걱정이 생겼다. 달이 점점 작아졌기 때문이다. 촌장은 나이 든 개구리에게 물어보았고 그 나이 든 개구리는 이렇게 말했다.

"나는 봤다. 저번에도 저 달은 작아졌다. 그러나 열심히 노래하니 다시 커졌다. 그러니 열심히 노래하면 된다."

촌장은 안심하고 달이 작아져도 열심히 노래하도록 독려했다. 달은 다시 작아졌다가 개구리의 노래로 다시 커졌고 개구리의 노랫소리는 널리 널리 울려 퍼졌다.

여기서 나온 개구리의 울음과 달의 변화는 관계가 없다. 하지만 개구리는 자신이 열심히 울면 달이 변한다고 생각한다. 자신이 열심히 어떤 행동을 하면 어떤 상황이 만들어진다고 생각하지만 사실 그 행동은 그 상황과는 관계없는 행동이다. 그리고 전부터 해오던 행동을 아무런 의심 없이 하기도 한다. 어떤 사람이 개구리일까? 그리고 개구리를 발견하면 어떻게 하면 좋을까? "지금 네가 하는 행동은 달과 전혀 관계없어"라고 말해줘야 할까? 그 행동이 달과 관계없다는 것을 알면 그 개구리는 어떻게 할까?

인도에 어미 호랑이 한 마리가 있었다. 그런데 이 어미 호랑이가 새끼를 낳다가 그만 죽어버렸다. 새끼 호랑이는 혼자 힘으로 간신히 밖으로 나왔다. 그때 그곳을 지나가던 양떼가 있었고 새끼 호랑이는 처음 본 양떼를 향해 꼬물꼬물 기어갔다. 때마침 그 양떼 중 젖이 나오는 어미 양이 있었고 그 양은 새끼 호랑이에게 젖을 물렸다. 그리고 한 달이 지났다.

새끼 호랑이는 무럭무럭 자랐다. 주변 양들과 장난도 치고 맛나게 풀도 먹었다. 그러던 어느 날 다른 호랑이 한 마리가 그 양떼 주변으로 지나가다가 양떼 가운데 있는 새끼 호랑이를 발견했다. 호기심이 생겨 양떼를 헤치고 새끼 호랑이에게 다가갔다. 그리고 새끼 호랑이에게 물었다.

"너 여기서 뭐하냐?"

아기 호랑이는 큰 호랑이를 처음 봤다. 어마어마하게 크고 목소리가 무서웠다. 벌벌 떨면서 아기 호랑이는 대답했다.

"저…… 살려주세요……."

큰 호랑이는 다시 물었다.

"아니, 여기서 뭐하냐니까?"

아기 호랑이는 계속 벌벌 떨며 말했다.

"저 양인데요. 한 번만 살려주세요."

큰 호랑이는 그 말을 듣고 어이가 없어 한참을 보다가 새끼 호랑이를 물고 물가로 가 물에 그 새끼 호랑이와 자신의 얼굴을 비추었다. 그리고 말했다.

"자, 봐라. 넌 쟤들을 닮았냐? 아니면 나를 닮았냐?"

새끼 호랑이는 이상했다. 분명 내 얼굴은 이 큰 호랑이를 닮았다. 자신의 엄마가 엄마가 아니었다. 드라마도 이런 결말은 욕먹는다. 내가 지나가던 아저씨와 닮았다니. 계속 그렇게 아무것도 하지 못하고 있으니깐 큰 호랑이는 새끼 호랑이를 물고 자신이 사는 동굴로 갔다. 그리고 자신이 먹다 남긴 고기를 새끼 호랑이에 던져주었다. 그러나 새끼 호랑이는 먹지 않았다. 새끼 호랑이는 채식을 해왔기 때문이다. 그러자 큰 호랑이는 한숨을 쉬더니 이틀을 굶겼다. 그리고는 사흘째 되던 날, 고기를 다 먹은 척하고 조금 남기곤 밖으로 나갔다. 새끼 호랑이는 너무 배가 고파 그 남은 고기를 입에 넣었다. 그리고 씹어보았다. 그리고 말했다.

"어? 맛있다."

이 얘기는 부처의 제자가 부처에게 "스승님은 일반인을 어떻게 보십니까?"라고 물었을 때 했던 대답이다. 모든 사람은 깨달은 사람인데 깨닫지 못한 사람처럼 행동한다. 호랑이로 태어났지만, 양처럼 산다. 스스로 호랑이임을 알게 될 때 스스로 호랑이가 되듯 스스로 깨달은 사람임을 알면 스스로 깨달은 이가 된다고 했다.

이 얘기는 내가 학생과 처음 공부를 시작할 때 해 주는 이야기다. 나는 매주 큰 호랑이가 되어 "너희는 재들을 닮았냐? 아니면 나를 닮았냐?"를 묻는다. 못한다, 힘들다, 도망가고 주저하고 대충하는 것은 양의 행동이다. 원래의 너는 용감하다. 대담하다. 양처럼 다시 풀을 뜯어 먹지 마라. 다시 도망가고 주저하지 마라. 다시 예전 행동을 반복하지 마라. 꿈이 커야 깨어져도 조각이 크다.

인디언의 기우제는 실패하지 않는다. 비 올 때까지 계속하니까. 우리도 매일 천천히 그러나 될 때까지 할 것이다. 순간순간 너에겐 양의 습관이 나올 것이다. 때로는 양이 될 때도 있을 것이다. 하지만 결국 너는 너 자신이 될 것이다. 호랑이는 비유다. 스스로 되고 싶은 그 스스로가 될 것이다. 그러니 나를 봐라. 나의 목소리를 들어라. 그 목소리는 너에게 씨앗이 되어 어느 날 너의 방식으로 너 안에서 싹틀 것이다. 너는 호랑이다. 스스로 어떤 호랑이인지 정하고 그 호랑이를 매일 매일 만들어 갈 것이다. 그리고 어느 날 넌 그 호랑이가 되었음을 알게 될 것이다.

혹시 고등학교를 졸업한 후 학교에서 했던 공부 과정 덕분에 내가 성장했다고 느끼는 사람이 있는가? 내가 글을 쓰는 지금은 12월이다. 수능이 끝나고 성적표가 나왔다. 고3은 거의 학교에 가지 않는다. 이미 3학년 2학기 때부터 거의 학교에 가지 않는다. 30명 한 반인 학급에 5명 정도가 나와서 수시에 필요한 행동이나 수능 공부를 한다. 나머지 25명은 학교가 필요하지 않다.

우리 학원에 오는 모든 아이들에게 묻는다. "너희는 공부 왜 해?" 그러면 아이들은 이렇게 대답한다. "대학 가려고요.", "해야 하니까요.", "엄마가 하길 원해서요." 밥을 먹을 땐 밥 먹는 이유가 있다. 게임을 해도 게임을 하는 이유가 있다. 그러나 공부를 할 땐 이유가 없다. 공부해서 얻는 자격이 필요할 뿐이다. 왜 하는지 모르면서 초등학교 1학년부터 고3까지 12년을 공부한다. 그리고 대부분 성장하지 않는다. 그 공부는 성장이 목적이 아니기 때문이다. 학교 공부의 목적은 통제다. 노동자의 양성이다.

1970년대 학교는 산업사회에서 일할 일꾼이 필요했다. 그래서 일을 시키면 말길을 알아듣는 사람들이 필요했고 그 당시 교육의 핵심은 암기였다. 방법은 군대식이었고 안 하면 때렸다. 목적은 시키는 대로 일하는 사람들의 양성이었다. 1994년 미래에는 이런 시키는 대로 일하는 사람들보다 더욱 뛰어난 사람이 필요하다는 취지로 수학능력평가를 만들고 이런 인재상을 신지식인이라고 불렀다. 그리고 28년이 흘러 2022년이 되었다. 여전히 학교는 세상에 필요 없는 19세기 지식을 20세기의 방법으로 21세기 학생들에게 암기하게 한다. 여전히 많은 수의 교사들은 어떤 과목을 공부할 때 이 공부를 왜 해야 하는지, 이 공부를 하면 자신이 얼마나 성장할 수 있는지 말해주지 않는다. 그저 사회적으로 해야 한다는 분위기가 있으니 서로 해야 한다는 암묵적인 동의하에 점수를 잘 따 어떤 과정을 잘 통과하게 할 뿐이다. 이제는 대학에 들어간다든지, 공무원 시험에 합격한다는 어떤 일에 자격을 따는 과정을 공부라고 한다. 하지만 이런 공부는 몇 년을 하던지 결과가 나오지 않으면 쓸모가 없고 자신의 성장은 하나도 없다. 고등학교 공부는 공무원 공부와 같아서 대학에 가지 못하면 쓸모가 없다. 하지만 일반고 한 반에 25명일 때 서울에 있는 학교에 들어가는 학생은 2명이다. 나머지 학생들은 내신으로 서울에 있는 학교에 가지 못한다. 그래서 이들에게 학교 내신공부는 필요 없다. 하지만 학교는 학생들에게 입시 외에는 알려줄 게 없다. 대학 가는 데 반영되는 내신은 3학년 1학기까지다. 그래서 3학년 2학기가 되면 학교에 학생들이 오지 않는다.

몇 년 전 덴마크의 교육에 대해 배운 적이 있었다. 교육과정 소개 중 흥미로운 말이 있었다. '덴마크 사람들은 외국에서 살더라도 고등학생이 되면 이 교육을 받으러 귀국한다. 이 교육을 받아야 덴마크 사람이다'라는 말이었다. 어떤 교육을 하는 것보다 이런 생각을 공통으로 하는 덴마크 사람들이 부러웠다. 난 우리나라 사람들도 고등학교 교육을 대학 진학과 관계없이 반드시 진학해야 하고 이 교육을 받아야 한국 사람이라는 자부심을 느끼는 과정이 있었으면 한다. 이런 써먹지도 못하고 왜 하는지도 모르는 이런 교육을 계속하기에 우리의 인생은 너무 소중하다.

스스로 하는 행동의 이유가 없는 사람을 개구리라고 생각했다. 아이들에게 "공부 왜 해?"를 물었을 때 대답은 이렇게 이어진다. "대학 가려고요.", "대학은 왜?", "취직하려고요.", "취직은 왜?", "돈 벌려고요.", "돈은 왜 벌려고?", "행복해지려고요.", "아, 너는 행복하려고 공부하는구나." 하지만 지금 공부하면서 행복해하는 고등학생은 거의 없다. 고등학교 공부를 해도 행복하게 하고 싶었다. 지금 하는 행동의 이유를 알고, 성장의 방향과 목적을 알고, 스스로의 성장을 인지하며 지금 여기서 하는, 지금의 행동을 보람 있고 의미 있게 여기게 하고 싶었다. 노래 하면서 달이 커지길 바라는, 지금 공부하면서 나중에 행복을 바라는 그런 사슬을 끊고 싶었다. 감정은 내가 선택하는 습관임을, 행복함은 내가 지금 선택하는 것임을 알려주고 싶었다. 스스로 호랑이임을, 강하고 멋지게 태어났음을 스스로 인지하길 바랐다.

그렇게 21년을 보냈다. 이 책은 교육제도의 변화를 촉구하는 책이 아니다. 어떤 제도라도 교육자는 교육한다. 이 책은 성장시키려는 의도 없이 단순히 지식이나 방법만을 전달하는 행동과 교육을 구분하고 교육을 하는 교육자를 양성하고 격려하여 그 혜택을 받는 학생들이 많아지게 하기 위해 쓰여졌다.

본문은 지(知), 교(敎), 육(育), 행(行)으로 나누어져 있다. 지편은 인간학에 관한 내용이다. 성장한 어른은 성장을 하는 아이와는 주변을 느끼는 과정이 다르다. 그래서 왜 5살 이전의 기억이 없는지, 초등학교는 왜 8살에 가는지, 아이들은 왜 그림 그리기 같은 행동을 통해 배워야 하는지, 아이들의 말투는 왜 어른과 다른지, 초등학교 저학년생과 고학년생은 왜 다른지, 사춘기는 왜 필요한지와 같은 이야기를 알지 못한다. 지편은 이러한 인간의 성장에 따른 변화를 알려주고 그 변화에 따른 교육을 해야 함을 알려준다. 이런 성장에 따른 변화에 관한 지식을 아는 사람은 거의 없기에 지편을 읽어 다른 이에게 적용하는 것도 좋지만 무엇보다 읽은 본인이 자신을 알게 되는 데 큰 도움이 될 것이다.

교를 행하는 분은 존경스럽다. 그래서 교사(師, 스승 사)다. 교는 자신이 가르치는 내용을 자신에게 적용해서 자신이 말하는 내용을 살아내는 것이다. 본보기가 되는 것이다. 그렇게 하려면 자신이 가르치는 학문의 목적을 알고 그 학문을 통한 자신의 변화를 느끼고 앞으로의 방향을 말하고 행동할 수 있어야 한다. 교편에는 물리학과 심리학 같은 학문은 서로 어떻게 다르며 목적은 무엇인지, 그리고 교를 행하면 어떤 점이 교사 본인에게 좋은지, 학생들에겐 어떤 좋은 점이 있는지 등이 나타나 있다.

육은 키워내는 것이다. 나를 육해 준 분은 평생 고맙다. 교와 육은 다르다. 존경받는 교사이지만 육은 못 할 수 있다. 교사는 아니지만 고맙게도 육은 할 수 있다. 육편은 육을 정의하고 나를 정의한다. 나는 발견하는 것이 아니라 만들어가는 것임을 알게 되고 학문을 통해 어떻게 육을 해서 어떤 방향으로 나를 만들어가는 것인지 알게 된다.

행편은 나의 21년간의 교육과정을 통해 지, 교, 육의 지식들이 어떻게 활용되는지 알려준다. 실제로 지, 교, 육을 어떻게 행하고 있는지, 그리고 그 지, 교, 육을 경험한 학생들이 어떻게 변하는지 알려준다.

학문은 죄가 없다. 그것을 활용하는 사람이 잘못 활용하는 것이다. 교육과정에서 중요한 것은 교육자다. 교육자의 수준이 바로 그 과정의 수준이다. 아무리 교육제도를 바꿔도 안내자가 교사가 아니면 그 교육제도도 교육을 해내지 못한다. 제대로 된 교사를 존중하고 육성하고 널리 알려 이러한 교사가 많아져야 한다. 이러한 교사가 한 해 만나는 학생이 20명이면 10년이면 200명이다. 이러한 교사가 10명이면 이러한 교사를 만난 학생이 2000명이다. 그 2000명의 행복한 학생들이 대한민국을 바꿀 것이다. 대한민국은 교육제도가 아닌 그 속에 있는 진정한 교육자와 학생들이 바꿔 나갈 것이다.

　사람이 알게 되는 지식 중에 자신이 새로이 만들어내는 것은 거의 없다. 누군가에게 듣고 읽고 보면서 알게 된다. 나는 이 지식을 루돌프 슈타이너(Rudolf Steiner), 구르지예프(Gurdjieff), 고 김영선 님께 배웠다. 지식을 알게 되는 것은 우연하지만 그것은 당연한 것이 아니다. 그분들이 노력한 결과 나 같은 사람도 조금은 알게 된 것이다. 김영선 님과 오랜 기간 함께하고 루돌프 슈타이너, 구르지예프를 알게 되고 읽게 된 것은 내 인생의 가장 큰 행운이다. 공부는 성장하기 위해 하는 것임을 알게 된 것이 너무나도 기쁘다.

차례

프롤로그

교(敎)

행(行)

에필로그

지

知

사람은 말을 하기 위해 태어났다

"태초에 말씀이 있었다. 이 말씀은 신과 함께 있으니 이 말씀이 곧 신이다."

요한복음의 첫 구절이다. 이 당시 신은 말을 할 수 있었고 인간은 말을 할 수 없었을 것이다(마치 부모는 말을 할 수 있으나 갓 태어난 아기는 말을 못 하는 것처럼). 하지만 인간의 몸속에는 말을 할 가능성이 있었고 시간이 지나 인간은 성장하여 말을 하게 되었다.

"말씀이 육신이 되어……."

인간은 말을 할 가능성을 가지고 태어난다. 말을 하기 위해 성장한다. 그리고 말과 그 말로 하는 생각과 느낌을 통해 세상을 본다. 인간이 할 수 있는 말이 그 인간의 한계이다. 말로 할 수 없는 것은 세상에 존재하나 인간에게는 존재하지 않는다.

산길을 걷다가 본 풀은 구분하지 못하면 그냥 풀이다. 아무런 기억도 남기지 않고 지나간다. 하지만 말로 이것은 민들레, 저것은 진달래라고 구분하면 그 다음부터는 민들레와 진달래가 보이기 시작한다.

인간은 느끼려고 태어났다. 하지만 그 느끼는 것을 말로 하지 못하면 그것은 세상에 존재하나 그 인간에겐 존재하지 않는다. 인간은 성장하면서 서서히 말을 배우게 되고 그 말을 배움으로써 세상을 다르게 느끼게 된다.

콩을 심으면 콩이 나고 팥을 심으면 팥이 난다. 콩을 심었는데 팥이 나진 않는다. 씨는 심으면 씨 그 자신이 난다. 인간에게도 씨가 있는데 자신의 씨를 알아볼 수 있다. 그 씨를 한문으로 싹 철(艸)이라고 하는데 자신의 씨를 알아본 인간에게 '철들었다'라고 한다. 철든 인간은 자신이 어떤 씨임을 알고 그 씨에 물과 거름을 주어 그 씨가 자라게 한다. 콩을 심으면 콩이 나듯 그 씨는 그 자신이 된다. 자신이 무엇을 해야 하는지 알고 그것을 하게 된다.

어떤 사람에게 자신의 씨를 보게 하려면(자신의 가능성을 보게 하려면) 어떤 사람이 세상을 느끼는 수준에 맞춰 교육해야 한다. 하지만 아주 많은 사람들이 인간 느낌의 발달 수준이 아니라 자신의 수준에 맞춰 교육(?)한다.

인간이 무언가를 느낄 때는 많은 것들이 섞여 있다. 그래서 마치 많은 풀이 모여있는 것처럼 뭐가 있는지도 모르고 지나간다. 풀들을 이름으로 구분하고 다르게 보기 시작하면 그 많은 풀은 그 전과는 다르게 보인다. 느낌도 그와 같아서 느낌에 이름을 붙이고 구분하기 시작하면 전과는 다르게 보이기 시작한다.

이 지편은 느낌이라는 것을 구분함으로써 인간이 태어나서 어떻게 성장하는지 보여주려 한다. 느낌을 말로 구분하면 그전에는 세상에는 존재하나 나에게는 존재하지 않았던 느낌이 생긴다. 이 과정을 읽음으로써 인간이 성장함에 따라 세상을 느끼는 느낌이 어떻게 달라지는지, 세상을 느끼는 느낌의 변화에 따라 어떤 교육이 필요한지 알게 될 것이다.

말할 수 없는 것은 세상에는 존재하지만,
인간에게는 존재하지 않는다.

우리는 어떻게 느낄까?

세상을 보려면 눈이 필요하고 소리를 들으려면 귀가 필요하다. 이렇듯 무언가를 느끼려면 기관이 필요하다. 우선 우리는 눈, 귀, 코, 입, 살을 통해 세상을 느낀다. 이 다섯 느낌을 오감이라 하고 이 오감을 느낄 수 있는 기관이 모여있는 몸을 여섯 번째의 의미로 육체라고 한다. 앞으로는 느낌을 느낄 수 있는 기관을 체라고 부르겠다. 우선 우리가 세상을 느낄 수 있는 이유는 육체가 있기 때문이다.

그리고 이런 느낌도 있다. 아침에 일어났는데 이상하게 몸이 안 좋다. 오늘은 움직이면 안 될 것 같다. 혹은 낮에 어떤 음식을 봤는데 이상하게 구역질이 나며 먹으면 안 될 것 같다. 점심을 먹었는데 체한 것 같다. 어떤 사람을 봤는데 오싹해져서 가까이 가서는 안 될 것 같다. 어떤 장소에 갔는데 갑자기 식은땀이 나더라와 같은 이런 느낌은 오감은 아니다. 그렇다고 안 느껴지는 것도 아니다. 그렇다면 이렇게 생명에 관한 느낌을 느끼는 기관이 있을 것이다. 이 생명에 관한 느낌을 느끼는 기관을 생명체라고 부르자.

우리는 감정도 느낀다. 감정을 느끼는 기관을 감정체라고 부르자. 우리는 스스로 생각하는 것도 느낀다. 이렇게 생각하는 것을 느끼는 기관을 이성체라고 부르자.

정리해보면 우리가 느낄 때 쓰는 기관은 육체, 생명체, 감정체, 그리고 이성체가 있다. 인간이 세상을 느끼는 느낌은 이 기관이 어떻게 성장되었나에 따라 다르다. 그리고 완전히 성장한 어른은 개구리가 올챙이 적 기억 못 하듯 어릴 때 세상을 어떻게 느꼈는지, 기관의 성장하기 전의 자신을 기억하지 못한다. 그래서 성장단계에 맞게 필요한 교육을 하려면(아이의 가능성을 스스로 보게 하려면) 인간이 태어나면서 이 기관들을 어떻게 발달시켜 가는지 다시 공부해야 한다. 인간이 세상을 느끼는 느낌은 이 기관이 어떻게 성장되었나에 따라 다르다.

무언가를 느끼기 위해서는 느낄 수 있는 기관이 필요하다. 인간의 느낄 수 있는 기관은 육체, 생명체, 감정체, 이성체로 나뉜다.

우리가 느낄 때 쓰는 기관은 육체, 생명체, 감정체,
그리고 이성체가 있다.

꿈을 기억하지 못하는 이유는?

잠을 자기 시작하면 이성체와 감정체가 꺼진다. 육체와 생명체만 쓸 때 우리는 세상을 인지하지 못한다.

인간은 매일 잔다. 그리고 꿈을 꾼다. 그리고 깨어난다. 그리고 하루를 시작한다. 하지만 많은 꿈들이 기억이 나지 않는다. 꿈을 꿀 때 이건 꼭 기억해야지 하지만 양치질하다가 잊어버린다. 꿈을 경험하는 것도 느끼는 과정일 텐데 이 과정은 어떤 기관을 쓰는 것일까?

먼저 우리는 육체, 생명체, 감정체, 이성체를 가지고 있다. 잠을 자기 시작하면 이성체와 감정체가 꺼진다. 육체와 생명체만 쓸 때 우리는 세상을 인지하지 못한다. 그저 잠을 자며 육체를 살아있게 유지한다. 시간이 지나 이성체가 꺼진 상태에서 감정체만 깨어난다. 이때 우리는 꿈을 꾼다. 그런데 이상하다. 분명 이상한 상황인데 꿈에선 다 그냥 받아들인다. 그냥 경험한다. 논리적이지도 않고 상황도 분명 세상에 없을 것 같은 상황인데 그냥 경험한다. 그리고 느낀다. 무섭다. 놀랍다. 재밌다. 신난다. 그리고 깨어난다. 그 뒤 이성체가 살아나면 꿈 내용은 거의 기억나지 않고 느낌만 남는다. 어제 꿈이 재밌었는데 내용은 기억이 안 난다.

이성체를 쓰지 않고 감정체만 쓸 때는 꿈처럼 경험한다. 논리적이지 않아도, 상황이 이상해도 그냥 받아들인다. 그리고 그 상황에서 느껴지는 감정을 솔직하게 그냥 받아들인다. 그리고 그 상황은 이성체를 쓰기 시작하면서 기억나지 않는다.

인간에 대한 힌트가 인간의 하루에 다 들어있다. 이 잠과 꿈과 깨어남 사이의 관계를 잘 관찰해야 한다. 이 세 가지가 인간의 의식상태이다. 인간의 의식상태는 잠, 꿈, 깨어남. 이렇게 세 가지다. 인간은 하루에 이 세 가지 의식상태를 모두 경험하지만 태어나서 성장하면서도 이 세 가지 의식상태를 경험한다.

'이런 인간의 의식이 세 가지라는 것과 교육이 무슨 관계가 있다는 거지?'라고 물을 수 있겠지만 일단 지금은 꿈을 꿀 때는 이성체를 쓰지 않고 감정체만 쓰는구나, 이성체를 쓰면 감정체가 느낀 상황이 기억나지 않는다는 것을 기억해두자.

잠자는 의식

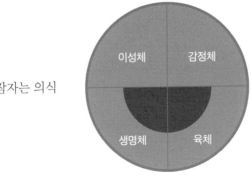

꿈꾸는 의식

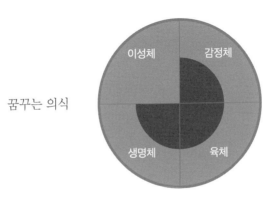

깨어있는 의식

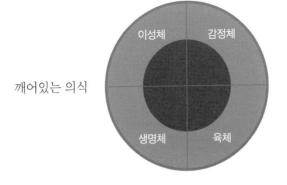

인간을 인간답게 만드는 것은 무엇인가?

슈타이너(Steiner)에게 배웠다. 식물은 육체와 생명체만 가지고 있다. 그래서 주위에 반응만 한다. 살아있지만 꿈꾸지 않고 판단하지 않는다. 그저 반응만 한다. 파리지옥 같은 식물이 있지만, 그것은 쥐덫 같은 반응이다. 쥐가 밟으면 반응하지만 우리는 쥐덫이 스스로 판단한다고 하지 않는다. 식물은 우리가 잠을 자는 의식상태를 가지고 있다.

동물은 육체와 생명체와 감정체를 가지고 있다. 그래서 동물들이 세상을 볼 땐 꿈을 꾸듯 세상을 본다. 우리가 꿈을 꾸는 동안 감정을 느끼고 판단도 하고 기억도 하듯, 동물도 감정을 느끼고 판단도 하고 기억도 한다. 동물은 인간보다 주위 환경을 더욱 많이 좋아한다. 눈에 혈관이 신경보다 많을수록 주위 환경을 더 좋아한다. 인간은 눈에 혈관과 신경의 비율이 반반이라 세상을 볼 때 무감각하게 볼 수 있다. 그래서 반려동물을 볼 때 나를 이렇게 좋아해 준다고 감동한다. 동물은 우리가 꿈을 꾸는 의식상태를 가지고 있다.

인간은 육체와 생명체와 감정체와 이성체를 가지고 있다. 잠을 자고 꿈을 꾸고 깨어난 상태를 구별할 수 있다. 그래서 식물의 상태와 동물의 상태를 모두 경험하고 인간만의 상태도 경험한다. 뒤에서 자세히 말하겠지만 이성체를 사용하면(잠에서 깨어나면) 주위와 단절됨을 느낀다. 하지만 이 단절됨 덕분에 주위와 분리된 '나'를 인지할 수 있게 된다. 인간만이 '나'를 느낀다. 다른 이와는 다른 '나'를 느낀다. 나를 '나'라고 말하는 것은 인간만의 독자적인 느낌이다. 동물은 주변과 연결됨을 느끼고 인간보다 더 많이 주변을 좋아하지만 인간은 커갈수록 주변과 단절된 느낌이 들고 주변을 무심히 바라본다.

동물은 종을 알면 대충의 성격을 알 수 있다. 개와 호랑이는 성격이 다르다. 우리는 흔히 "우리 집 개는 푸들이라 성격이 ○○○해요."라고 말한다. 하지만 인간은 다르다. 종으로 그 사람을 알 수가 없다. 인간은 그 사람을 들여다보아야 알 수 있다. 그래서 인간은 종이 아니라 '그 사람'이 어떤 사람인지 아는 것이 아주 중요하다. 동물과는 달리 자신의 성격을 스스로 정할 수 있기 때문이다. 모든 동물의 성격이 인간 안에 들어있다. 그래서 인간은 소처럼 온순하다가 호랑이처럼 사납다가 고양이처럼 얄밉다가 술 먹고 개가 되기도 한다. 인간은 동물과 다르게 그 성격을 선택할 수 있다. 동물은 육체를 보면 애가 무엇을 잘하는 녀석인지 알 수 있다. 교사가 필요하지 않다. 육체가 스승이다. 뱃속에서 나오자마자 걷기 시작한다. 하지만 인간은 다르다. 겉으로 봐선 무엇을 잘하는지 알 수 없다. 스스로 무엇을 잘 할 것인지 정해야 하기 때문에 오랜 기간 공부가 필요하다.

인간을 가장 인간답게 하는 몸의 부분은 어디일까? 뇌? 정답은 손이다. 인간의 몸은 말을 하고 두 손을 자유롭게 하려고 성장했다. 인간을 제외한 다른 동물들은 서 있거나 걷거나 달릴 때 몸에 있는 모든 기관을 동원한다. 하지만 인간은 다르다. 직립보행을 하지만 손은 그 과정에 도움을 주지 않는다. 다리와

몸통이 직립보행의 모든 일을 한다. 손이 그 과정에서 할 일이 없기에 다른 일을 할 수 있게 되었다.

캐나다의 신경외과 의사 와일더 펜필드는 대뇌피질과 신체 부위의 연결을 관찰해서 뇌에서 신체 부위가 연결된 비율을 발표했는데 그중 가장 많은 비율을 차지하는 부분이 바로 손이다. 뇌는 손을 가장 많이 느끼려고 한다. 그래서 이 손에 어떤 명령을 자주 내려서 어떤 습관을 가지게 되었는가가 바로 '나'를 보여준다. 손이 바로 '나'다.

잠자는 의식 = 식물의 의식

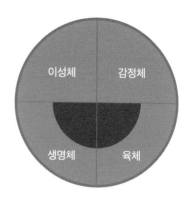

꿈꾸는 의식 = 동물의 의식

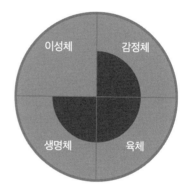

깨어있는 의식 = 인간의 의식

인간을 가장 인간답게 하는 몸의 부분은 어디일까?
뇌? 정답은 손이다.

한글은 언제 가르쳐야 하는가?

인간은 태어나면 육체, 생명체, 그리고 감정체를 사용한다. 부모한테 받은 몸을 안에서부터 밖으로 밀어내듯 성장한다. 씨가 발아하면 씨에 내재되어 있던 설계도대로 성장하듯 인간도 생명체 속에 있는 설계도대로 성장한다. 마치 찰흙으로 무언가를 빚듯 육체가 빚어진다. 그래서 이 성장 시기에 아이는 무언가를 손으로 만지고 만들면서 배운다. 눈으로 본 것은 거의 모든 것을 흉내 내고 들은 것은 따라 한다.

세상을 인지하는 기관이 매일 새롭게 만들어지는 시기이다. 그래서 스스로 모자란 곳을 채워가면서 재미를 느끼게 된다. 이렇게 모자란 곳을 채워나가는 시기에 아이에게 가장 잘못하는 것이 완성된 장난감을 주는 것이다. 인형을 주려면 어딘가가 완성되지 않은 인형을 주라. 그러면 아이는 스스로 완성되지 않은 곳을 채워가면서 자신의 소중한 장난감으로 만든다. 그림을 그리게 하려면 어딘가 완성되지 않은 그림을 주고 채워 넣게 하라. 그러면 완성하면서 즐거워한다. 예쁜 바비인형보다 적당한 헝겊 인형이 더 낫다.

아이는 부모에게 받은 몸을 계속 밖으로 밀어내듯 성장하다가 유치가 빠지고 영구치가 나기 시작하면서 달라지기 시작한다. 그 전에 아이는 나라는 단어를 쓰지 않는다. "준우는 배고파." "준우 아파."처럼 자신을 3자 보듯 말한다. 그러다가 영구치가 나기 시작할 때쯤 '나'라는 단어를 쓰기 시작한다. 이쯤부터 아이는 이성체를 사용하기 시작한다. 이성체를 사용하면 주변과의 단절이 시작되는데 이 전의 아이는 세상과 자신을 구별하지 못한다. 세상의 모든 것을 자신처럼 여긴다. 마치 앞에서 말했던 동물과 같이 주변 환경과 자신이 연결되어 있다고 느낀다. 손가락이 손에 연결되어 있지만 검지, 중지같이 구분하는 것처럼 세상의 모든 것도 그렇게 나와 연결되어 있지만 구분해서 다르게 부르는 존재로 느낀다.

영구치가 나기 시작하면 자신과 주변이 단절되는 것을 느끼면서 '나'라는 단어를 쓴다. 이때부터 주변의 모든 것과 자신을 구별하기 시작한다. 자신을 피부 내부로, 피부 바깥은 외부로 느낀다. 하지만 여전히 살아있는 것과 죽은 것은 구별하지 못한다. 그래서 돌멩이도, 의자도, 구름도, 인형도 영혼을 가진 것처럼 느끼고 그들과 대화를 나누는 것처럼 논다. 그래서 이때쯤 아이들이 듣는 이야기에 나오는 모든 존재는 사람처럼 말을 하고 감정을 느끼고 생각을 한다. 그래야 이 아이들도 받아들일 수 있다. 죽은 것은, 영혼이 없는 것들은 이해되지 않는다.

그래서 이성체를 쓰기 전에 구별하는 도구 활용법을 가르쳐서는 안 된다. 대표적인 것이 문자다. 한글을 3살이나 4살에 가르치는 것은 아주 안 좋다. 그리고 아주 힘이 든다. 5, 6살쯤 영구치가 날 때 아이가 글자를 배우길 원해서 배우면 며칠이면 금방 배운다. 하지만 그 전에 가르치면 영 진도가 안 나간다. 받아들일 수 없는 것을 알려주기 때문에 그렇다. 숫자도 마찬가지이다. 그 전에 영구치가 나기 전에는 세상과 내가 구별되지 않기 때문에 하나와 둘을 받아들이기 힘이 든다. 오히려 부모가 알려주면 알아듣는 척하는 거짓을 행동하는 방법만 배우게 된다.

유치가 나 있을 때 아이는 손과 발을 마구마구 써서 이성체를 쓸 준비를 한다. 집에서 아이가 마구 뛰어다니면 보통 '쟤는 누굴 닮아서 저렇게 산만하냐?'라고 조용히 시키려고 하지만 다른 시선에서 보면 아이는 지금 손과 발을 이용해서 머리를 발달시키고 있는 것이다. 앞에서 말한 것처럼 가장 인간다운 몸은 손이다. 손을 많이 쓰면 머리가 좋아진다. 이 시선에서 아이를 본다면 오히려 아이가 잘하고 있네, 아이가 마구 뛰어다닐 수 있는 환경으로 가야겠다고 생각하게 될 것이다.

　인간은 태어나면 육체, 생명체, 감정체를 쓴다. 주변과 연결됨을 느끼며 '나'라는 단어를 쓰지 않는다.

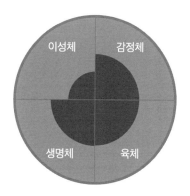

　유치가 빠지고 영구치가 나올 때쯤 인간은 서서히 이성체를 쓰기 시작한다. 이성체를 쓰면 서서히 주변과의 단절이 시작되며 주변과는 다른 '나'를 느끼게 된다.

한글을 3살이나 4살에 가르치는 것은 아주 안 좋다. 그리고 아주 힘이 든다. 5, 6살쯤 영구치가 날 때 아이가 글자를 배우길 원해서 배우면 며칠이면 금방 배운다.

아주 어릴 적 기억은 왜 나지 않을까?

감정체만 사용하다가 이성체를 사용하면 주위와 단절됨을 느끼면서
서서히 감정체만 사용하던 시기의 기억을 잃기 시작한다.

아이가 영구치가 완전히 다 날 때쯤 아이는 전과 달라진다. 전에는 엄마를 닮은 얼굴이 점점 아빠를 닮아가게 된다거나 혹은 그 반대가 되면서 얼굴이 달라지기도 한다. 그리고 성격도 달라진다. 그래서 4살 때 아이의 '왜요?'와 7살의 '왜요?'는 성격이 다르다. 4살의 '왜요?'는 세상을 알아가기 위해 궁금한 것을 물어보는 것이라면 7살의 '왜요?'는 나 하고 싶은 게 있으니 다른 거 시키지 말라는 말이다.

　이때부터 아이는 이성체에 담아둔 전생에서 얻은 경험치를 쓰기 시작한다. 한 번도 시킨 적 없는 공부를 갑자기 한다거나 피아노를 보더니 들은 것을 바로 친다거나 수영을 배우고 싶다고 하더니 맨날 수영만 한다거나 하는 식이다. 전생이라고 하면 무슨 종교 같은 이야기라고 할 수도 있겠지만 아이를 키워본 부모라면 어느 정도 이해가 되는 이야기이다. 부모도 할 줄 모르는 것을 아이는 관심을 가지고 심지어는 더 잘한다. 이것은 전에 무언가를 해 보았고 그걸 다시 쓰는 거라는 말 말고는 다른 말로 설명이 잘 안 된다. 마치 어제 기타 연습을 했고 오늘 일어나서 또 기타 연습을 했더니 어제보다 잘 치게 되었는데 어제 기타 연습을 한 것을 까먹은 경우와 같다. 갑자기 기타를 들고 쳤는데 어떤 곡이 그냥 쳐지는 기적 같은 일처럼 보인다.

　전생에서 가져온 경험치가 많을수록 아이는 많이 변한다. 경험치가 적을수록 영구치가 나도 달라지지 않는다. 그래서 달라짐이 적은 아이는 자신을 지키는 힘이 부족할 수 있다. 세상과 단절됨이 무서워 어릴 때보다 엄마를 더 찾기도 한다. 반대로 많이 변한 아이는 고집도 세고 자신을 지키려 한다. 그래서 이때부터 아이들은 세상에 반감을 품는다. '내'가 하고 싶은 걸 하려고 한다. 그래야 자신의 전생에서 가져온 경험치를 지킬 수 있다. 이 반감이 극대화되는 시기를 사춘기라고 한다.

감정체만 사용하다가 이성체를 사용하면 주위와 단절됨을 느끼면서 서서히 감정체만 사용하던 시기의 기억을 잃기 시작한다. 이건 마치 꿈을 꾸며 잘 놀다가 깨어나면 꿈이 기억이 안 나는 경우와 같다. 잠을 자다가 꿈을 꾸고 깨어나서 하루를 사는 시간을 생각해 본다면 17~20세쯤이 꿈에서 깨어나서 현실을 살아가는 시기라고 생각하면 된다. 사람에 따라 다르지만 30살이 넘었을 때, 5세 전의 기억이 안 나는 사람부터 심하면 고등학교 시절까지 기억이 안 나는 사람도 있다.

　　이성체를 쓰는 것에 익숙해질수록 주변과의 단절을 점점 더 크게 느끼고 이성체를 쓰지 않을 때의 기억이 서서히 없어진다.

초등학교는 왜 8살에 갈까?

유치가 빠지고 영구치가 나면 아이는 감정체를 쓰는 방식에 익숙해지면서 아주 조금씩 이성체를 쓰기 시작한다. 그러면서 주변과 나를 구별하기 시작한다. 이 시기가 보통 만 7살이다. 그래서 우리나라는 8살이 되면 초등학교에 간다. 대부분 사람이 왜 8살에 학교에 처음 가는지 알지 못한다. 8살 전에는 보살핌과 함께함이 필요하지 공부가 필요하진 않다. 오히려 성장단계와 맞지 않는 공부는 아이의 건강을 악화시킬 수 있다.

초등학교 저학년 시기에는 자신의 감정을 이야기할 수 있고 감정에 의해 움직인다. 아이들은 감정과 운동을 구별하지 못한다. 그래서 감정이 드는 것과 움직이고 싶은 충동을 구별하지 못한다. 감정과 운동은 아이에게 있어 거의 같은 느낌이다. 그러나 노인은 반대다. 노인에게는 감정은 생각과 비슷하다. 인간이 성장해 나가면서 어느 순간 감정이 운동과 생각 중간에 설 때가 온다. 그때 인간은 내가 예전과 달라졌다고 느낀다. 그 전 단계를 어렸다고 느끼고 지금은 조금 성숙했다고 느낀다.

이 시기의 아이들은 아직 죽은 것을 이해하지 못한다. (아이의 성장 상태에 따라 다를 수 있다.) 하지만 주변과 자신은 구별할 수 있다. 그래서 배우는 것이 글자와 숫자다. 그리고 글자와 숫자를 통해 세상과 다른 것들을 이해해 나간다. (앞에 말했던 것처럼 그걸 표현할 단어를 모르면 그것은 세상에는 존재하는 것이지만 그 인간에겐 존재하지 않는 것이다.) 그러면서 이럴 때 이렇게 행동하자 같은 얘기를 여러 상황에 맞춰 배운다. 그리고 살아있는 것을 구별하게 되었음으로 배우는 학문이 생물학이다. 그래서 저학년 교과서 이름이 국어1, 수학1, 봄 여름 가을 겨울1, 안전한 생활1이다.

이 시기의 아이들에게 고학년생들이 배우는 수학이나 다른 지식의 선행은 아주 안 좋다. (아이의 성장단계에 따라 다를 수 있다.) 이 시기의 아이들이 배우는 방법은 유치가 있을 때처럼 여전히 흉내다. 이때 필요한 것은 자신의 주변에 대한 이해와 함께함이다. 어릴 때의 연결됨이 사라지고 낯선 단절감에 익숙해져야 한다. 이 시기에 가장 좋은 활동은 아이들을 좋아하는 사람의 일을 함께하고 돕는 것이다.

그래서 이 시기에 만나는 사람의 지식보다는 행동이 아주 중요하다. 그 사람이 행동으로 이건 옳은 행동이고 저건 나쁜 행동이라는 것을 보여줘야 한다. 그 사람은 자신이 생각하는 것을 직접 행동으로 보여준다. 그런 사람은 권위가 있다. 그 권위는 지위가 아니라 믿음이다. 그렇게 권위가 있는 사람의 행동을 보고 따라 배우면서 아이들은 저 사람의 생각을 궁금해한다. 저 사람의 과거를 궁금해하고 나중에 나이가 들었을 때 나도 저렇게 나이 들어야지 같은 표본을 만든다. 다른 이를 존중하고, 먼저 인사하고, 함께 하려 하고, 모르는 것을 주제로 공부하는 과정은 함께해야 익힐 수 있다. 지금 우리나라에서 아이가 이런 사람을 어릴 때 만난다는 것은 거의 행운의 영역이다. 혹 만난 적이 있거나 만나고 있다면 그 만남에 아주 크게 고마워해야 한다.

유치가 빠지고 영구치가 나면 아이는 감정체를 쓰는
방식에 익숙해지면서 아주 조금씩 이성체를 쓰기
시작한다. 그러면서 주변과 나를 구별하기 시작한다.
이 시기가 보통 만 7살이다. 그래서 우리나라는 8살이 되면
초등학교에 간다.

초등학교 저학년과 고학년은 왜 다르게 배울까?

초등학교 고학년이 되면 이성체를 쓰는데 조금 익숙해진다. 그리고 서서히 죽은 것을 이해하게 된다. 돌멩이는 고체이고 죽은 것이고 영혼이 없고 말을 못 하고 가만히 있는 존재라는 것을 알게 된다.

초등학교 고학년이 되면 이성체를 쓰는데 조금 익숙해진다. 그리고 서서히 죽은 것을 이해하게 된다. 돌멩이는 고체이고 죽은 것이고 영혼이 없고 말을 못 하고 가만히 있는 존재라는 것을 알게 된다. 그리고 원인과 결과를 이해하게 된다. 그 전의 단계에선 마치 꿈을 꾸고 있는 상태와 같아서 논리적이지 않아도 그냥 받아들인다. 자신이 논리적이지 않은 상황과 느낌을 그냥 받아들이기 때문에 그 자신도 논리적이지 않다. 하지만 고학년쯤에 들면 제법 논리적이다. 무언가의 이유를 설명할 줄 알고 현상 뒤에 있는 원리를 이해할 줄 안다. 그래서 이때부터 학교에서 물리학, 화학, 지리, 역사 같은 과목을 가르친다. (그래서 그 전에 이 과목들을 공부할 필요가 없다.)

아이가 감정체를 충분히 사용할 줄 알고 이성체를 제법 잘 쓰기 전에 지식의 선행은 아주 좋지 않다. 감정체를 충분히 사용할 줄 안다는 것은 자신의 감정을 설명할 수 있고 그 감정이 충분히 받아들여졌음을 안다는 것이다. 감정이 충분히 받아들여지지 않은 상태에서(감정을 표현해보지 못하고) 이성체를 쓰는 과정으로 넘어가면 그 감정들은 속에 감춰져 있다가 이성체가 꺼지거나 감정이 격해질 때 나오게 된다. 사실 이성체를 사용해서 얻는 지식은 아주 많은 경우 실제의 경우와 동떨어진 경우가 많다. 지금 우리나라 중고등학교에서 수학을 배우고 사회를 공부해도 실제로 바로 자신에게 써먹는 경우는 거의 없는 것을 보면 알 수 있다.

중고등학교에서 문제 풀이보다 중요한 것은?

중고등학교 공부에서 가장 중요한 것은 감정의 공감과 공유, 그리고
내부의 씨를 발견하는 것이다. 그 내부의 씨를 발견하게 하는 것을 교육,
스스로 하는 것을 공부라고 한다.

중학생이 되면(14세, 인간은 7년 주기로 몸이 변한다) 인간은 세 번째 변화를 맞게 된다. 사춘기다. 육체의 발달이 성인에 가까워지고, 성적인 느낌이 생기게 되고, 감정체를 아주 잘 활용하게 된다. 하지만 이성체의 성장은 상대적으로 더디다. 그래서 주변과 나를 구별해서 나라는 느낌은 아는데 그걸 감정과 몸의 느낌을 중심으로 느낀다.

이때 그 전 단계에서 감정체가 미성숙 단계에서 넘어오게 되면 자신도 자신을 이해하지 못하는 행동을 하게 될 수도 있다. 자신의 감정을 인정받지 못하게 되면 자신을 인정받기 위해 다른 사람과 상황을 이용하게 된다. 이 과정은 여러 가지 상황으로 발전하여 폭력이나 집단 따돌림, 혹은 혼자만의 세상에 갇히는 상황이 될 수도 있다. 물론 이런 상황의 주된 요인은 주변에서 보고 배운 것이다.

그래서 중고등학교 과정에서 지식 과정만큼 중요한 것이 바로 감정에 관한 공부이다. 인생의 시기에서 감정에 대해 가장 민감한 시기지만 정작 학교든 가정이든 본인이든 자신의 감정을 들여다보지 않는다. 그래서 이 시기의 학교 교사들은 지식의 전달자 역할도 해야 하지만 그것보다 더욱 중요한 것은 감정에 대한 공감과 공유이다. 인간이 성장할 때 감정은 필수적이다. 감정이 동반되지 않은 경험은 무경험이다. 감정이 동반되지 않은 지식은 그냥 지식이다. 그래서 단순한 지식의 전달은 아무런 변화를 일으키지 못한다.

한편 인간은 철이 들어야 한다. 자신의 가능성의 씨를 볼 줄 알아야 한다. 그 가능성의 씨는 이성체를 충분히 쓰게 될 때 감정과 더불어 볼 수 있다. 뒤에 육편에서 자세히 말하겠지만 각 느낌의 기관들은 의지를 가지고 있다. 그 의지가 발휘될 때의 이름이 있는데 육체와 생명체의 의지는 본능, 감정체의 의지는 욕망이라고 한다. 그리고 이성체의 의지는 동기라고 한다. 왜 하는지 아는 것이다. 우리나라 교육은 중학교 때부터 '왜'가 사라진다. 왜 공부하는지 모른 채 공부한다. 육체나 생명체, 감정체의 의지는 살면서 서서히 만들어지지만 이성체의 의지는 스스로 만들어야 한다.

나에게 오는 학생들에게 물어본다. "넌 공부 왜 해?" 그들의 대답은 3가지 안에 있다. "대학 가려고요.", "엄마가 원해서요.", "안 하면 안 될 거 같아서요." 기타 의견으로 "나중에 하고 싶은 게 생겼을 때 할 수 있도록 공부해요." 등이다. 지금 이 글을 읽고 있는 당신이 학생이라면 생각해 보라. 당신은 왜 공부하는가? 당신이 성인이라면 생각해 보라. 왜 사는가?

우리가 밥을 먹을 땐 이유가 있다. 배고프니까, 먹으면 맛있으니까, 기분이 좋아지니까 등이라고 하지만 공부하는 데는 이유가 없다. 그 결과물이 필요할 뿐이다. 하지만 그 결과물은 또 다른 결과물을 원한다. 대학 가려고 공부하고, 취직하려고 대학 가고, 돈 벌려고 취직하고, 결혼하려고 돈 벌고 등등 행동 그 자체의 목적이 없다. 덕분에 인생이 계속 텅 비게 된다.

동물은 육체를 보면 뭘 할 것인지 안다. 인간은 그 사람의 동기를 보아야 알 수 있다. 동기가 없다는 것은 자신이 반쪽 인간이라는 뜻이다. 내부에 싹이 없다는 뜻이다. 그런 상태를 싹아지가 없다고 한다. 이 말은 예절이 없다는 뜻이 아니다. 여기서 아지는 강아지, 망아지처럼 어린 상태라는 말이다(물론 싹아지는 어린 녀석이므로 고개를 숙여라와 같은 의미로 지금은 쓰이지만). 싹의 어린 상태도 없다는 뜻이다. 미래가 보이지 않는다는 뜻이다. 싹수가 노랗다 보다 더 심한 상태다.

중고등학교 공부에서 가장 중요한 것은 감정의 공감과 공유, 그리고 내부의 씨를 발견하는 것이다. 그 내부의 씨를 발견하게 하는 것을 교육, 스스로 하는 것을 공부라고 한다. 중고등학교에서 공부한 지식은 성인이 되면 보통 다 잊어버린다. 그래서 중요한 것은 공부 내용이 아니라 공부할 때의 즐거움이다. 직업을 가진 사람들은 생각해 보라. 내가 이 직업을 하겠다고 생각한 게 몇 살 때인가? 지금 고1 때 진로를 정해서 그쪽으로 공부해서 대학을 가라고 하는 것은 이 시기를 모르고 하는 얘기다. 여전히 대학에 가서 배운 전공을 살려 직업을 선택하는 사람은 그리 많지 않다.

지금의 학교는 감정을 받아주고 공유하며 내부의 씨를 발견하게 하는가? 사춘기 때의 '나'는 육체와 감정체의 느낌이 이성체의 느낌보다 크다. 자신을 감정으로 더 많이 느낀다. 그래서 지식의 습득 이전에 공감이 필요하다.

20대도 여전히 성장하고 변한다

이 시기에 보통 직업을 구하고 자신의 할 일들이 생긴다. 그러면서
자신에 대해 생각해 보게 된다. 내가 이걸 하려고 그렇게 공부를 했나.
이게 나와 맞나. 나는 왜 살고 있나.

이제 육체, 감정체가 완성되고 이성체를 완성할 때다. 이 시기는 21~28세이다. 이 시기 어느 시점에서 사람이 변한다. 세상이 달리 보이기 시작한다. 이성체를 좀 더 많이 사용하게 되면서 예전처럼 감정이 올라와도 바로 행동하지 않는다. 이유를 생각해 보게 되고 좀 더 차분해지게 된다. 예전처럼 감정이 올라오면 바로 행동하는 사람을 어리다고 느끼게 된다. 물론 아닌 사람도 많다. 하지만 40대가 넘어가면서 대부분 감정이 행동에서 생각으로 넘어가게 된다.

이 시기에 보통 직업을 구하고 자신의 할 일들이 생긴다. 그러면서 자신에 대해 생각해 보게 된다. 내가 이걸 하려고 그렇게 공부를 했나. 이게 나와 맞나. 나는 왜 살고 있나.

이 시기를 기점으로 나를 지키고 있던 반감이 줄어들고 공감이 생겨나기 시작한다. 내가 예전과는 많이 달라졌다고 생각한다. 하지만 이때부터 공감을 연습하지 않고 40대로 넘어가게 되면 자기 말만 하고 남의 말은 듣지 않는 꼰대가 된다. 난 이런 사람들을 귀가 없는 사람들이라 부른다. 이렇게 귀가 없는 사람들이 주변에 생각보다 많다. 나는 이런 사람들을 만나면 어리나 나이가 많으나 그냥 듣는다. 나에게 물어보는 질문이 없으면 나의 얘기는 거의 하지 않는다. 그러면 그 사람들은 나를 아주 좋아한다.

자, 여기서 한번 생각해 보자. 내가 앞에서 설명 안 하고 넘어간 게 있다. 영구치가 나올 때 전생에서 경험치를 가져왔다고 했다. 그러면 지금 생에서 후생에 넘기는 경험치도 있을 것이다. 그렇다면 과연 어떤 경험치가 후생으로 넘어가고 어떤 경험치가 그냥 없어질까?

그건 바로 가장 개인적인 경험이다. 나를 나답게 만들어주는 경험이다. 자신을 위한 공부보다 통과하기 위한 공부, 생각 없이 남이 하는 대로 하는 삶을 살수록 거기에 나는 없다. 인간은 지금의 '나'라는 느낌을 가지기 위해 그래서 그 '내'가 나를 말할 수 있기 위해 진화했다. 가장 나다운 느낌이 드는 것, 그것이 다음 생으로 넘어간다. 당신은 어떨 때 가장 당신다운가?

대부분의 사람에게는 지금 당장 해야 할 것들이 있다. 내신 따기, 수능 보기, 대학 가기, 학점 따기, 토익점수, 해외연수, 봉사활동, 졸업논문, 취직하기, 돈 벌기 등 이 모든 것에 당신이 있는가? 이 행동들이 잘못되었다는 것이 아니라 '이것'만 하는 것은 시간을 잘 못 쓰고 있다는 말이다. 결국, 없어질 경험을 하는 것이다.

자신을 설득시켜야 한다. 나는 이런 사람이다. 이런 환경에서 이런 순간에 이런 느낌이 드는 것을 좋아한다. 그래서 이 일을 한다. 그래서 그곳에 간다. 그래서 그 사람을 만난다. 이 과정을 계속 반복하면 몸과 마음에 배게 된다. 그 몸과 마음에 밴 그 경험의 모음이 바로 '나'다. 내 생각이 아닌 그 몸과 마음에 밴 그 '경험'이 다음 생으로 넘어간다.

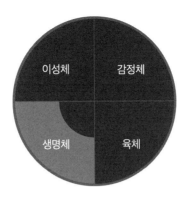

　육체와 감정체, 이성체는 자연스럽게 성장하는데 생명체는 태어났을 때부터 죽을 때까지 거의 변화가 없다. 생명체의 감각을 키우기 위해선 명상 외에 다른 방법이 없다. 그리고 이 감각은 40대가 넘어서 키우기는 몹시 어렵다.

30대 이후에 더욱 외로움을 느끼는 이유는?

36세 이상의 사람들은 거의 그것과 반대로 한다. 점점 더 단절된 느낌을 강하게 가지기 때문이다. 예전에 참을 수 있었던 것을 점점 참을 수 없게 된다. 그래서 의식적으로 공감을 배워야 한다.

29~35세보다 더 극적인 것은 36~42세이다. 몸에 변화가 생기기 때문에 그에 따라 나의 변화도 크다. 일단, 이것부터 이해해 보자. 지편 처음에 말할 때 동물의 눈에는 신경보다 혈액이 더 많아서 인간보다 환경을 더 좋아한다고 했다. 인간은 태어나서 동물의 의식상태에서 점점 인간의 의식상태로 간다고 했다. 그래서 아이일 때는 금세 무언가를 좋아하고 별것 없이도 즐겁게 잘 논다. 청소년기까지도 그렇다. 그러나 이 시기가 되면 달라진다.

몸 전반에서 예전에 비해 혈액보다 신경이 많아진다. 혈액보다 신경이 상대적으로 많아지면서(피의 물리적 양이 줄어든 것이 아니다. 나이를 먹으면서 예전보다 신경이 많아져서 상대적으로 신경이 혈액보다 많아진다.) 주변을 좋아하는 느낌이 줄어들고 주변과 단절되는 느낌이 강해진다. 어릴 때는 감정과 행동을 구분하지 못했는데 이때부터 감정은 행동보다는 생각 쪽에 더 가까워지기 시작한다. 이 느낌은 예전보다 겁이 많아졌다거나 참을성이 많아졌다거나 더욱 외롭다 같이 느껴지기도 한다.

이때부터 20세 이전과 아주 다른 느낌이 들게 된다. 아이들의 감정은 거의 행동과 같다. 별것 아닌 것에도 공감하고 잘 웃고 함께하는 상태가 아이들이라면 36세 이상의 사람들은 거의 그것과 반대로 한다. 점점 더 단절된 느낌을 강하게 가지기 때문이다. 예전에 참을 수 있었던 것을 점점 참을 수 없게 된다. 그래서 의식적으로 공감을 배워야 한다.

태어나서 지금까지 나를 지키기 위해 반감을 써왔다. 하지만 나를 더욱 성장시키기 위해선 공감을 배워야 한다. 어릴 때부터 부모님이나 환경으로부터 공감을 배운 사람들도 있지만 대부분 사람들은 나이가 들수록 반감이 더욱 커진다. 의식적으로 공감을 배우지 못하면 단절된 느낌은 더욱 커지고 고립된다. 그래서 이 시기의 사람들에게는 주변과의 공감 훈련이 필요하다. 그렇지 않으면 앞으로의 나의 성장은 없다. 점점 움츠러들고 자신만을 위하게 된다.

학원에서 학생들을 받으면 학생의 변화가 한 달에서 석 달 사이에 생기는데 변화가 시작되면 부모교육도 한다. 부모가 변하지 않으면 그 학생의 변화는 다시 제자리로 가기 때문이다. 이때 필요한 것이 부모의 공감 교육이다. 부모가 변하면 본인들에게도 좋지만 무엇보다 좋아하는 것은 아이들이다.

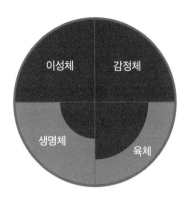

어릴 때 감정은 행동과 구분되지 않는다. 그러나 30대부터는 감정은 생각과 비슷하게 느껴진다. 점점 육체의 느낌이 상대적으로 줄어든다. 그렇게 육체의 느낌으로부터 서서히 탈출한다.

술은 왜 마시는 걸까?

인간은 태어나서 육체, 생명체, 감정체를 쓰다가 이성체를 쓰기 시작하면서 이성체를 쓰기 전의 기억을 서서히 잃어간다. 그러면서 어릴 때 있었던 주위를 좋아하는 능력도 서서히 잃어간다. 그래서 아무것도 안 하고 그냥 있어도 기쁜 상태를 잊어간다. 이걸 다시 떠올려 주는 매개체가 바로 술이다.

술을 마시면 알코올은 이성체를 조금씩 마비시키기 시작한다. 그러면 서서히 단절된 느낌이 줄어들고 연결된 느낌이 늘어간다. 술이 들어갈 때마다 기분이 조금씩 좋아지는데 술을 마시기 전에는 서로 분리된 느낌이라면 술이 좀 되면 연결이 잘 되어 처음 본 사람도 오래 본 친구처럼 그렇게 즐거울 수 없다. 마치 아이들이 처음 만나서 잘 노는 것처럼.

술이 더욱 들어가면 이성체를 더욱 쓰지 않게 되면서 어릴 때의 감정체를 주로 쓰던 모습들이 나오게 된다. 여기서부터 사람마다 다른 모습들이 나오게 되는데 심해지면 어릴 때 충분히 받아들여지지 않았던 감정들이 나오게 된다. 울거나 욕하거나 행동이 커지거나 겁이 없어지거나.

술이 더욱 많아지면 몸이 버티지 못해 쓰러지거나 잠이 든다. 육체가 못 버티면 구역질이 나고 토를 한다. 육체와 이성체가 못 버티면 잠을 잔다. 이성체는 못 버티는데 육체가 버티면 이상한 일이 벌어진다. 분명 12시까지 논 것 같은데 기억은 10시까지밖에 없다. 기억이 날아간다. 하지만 노는 그 순간에는 분명 기억을 했다. 하지만 아침엔 기억이 없다. 어렴풋하기도 하고.

　지편 앞에서 인간의 의식은 세 가지라고 했다. 잠을 자고 꿈을 꾸고 깨어난다. 꿈을 꾸다가 깨어나면 꿈은 사라진다. 술을 마시면 이성체를 서서히 꺼지게 해서 꿈을 꾸는 의식상태로 간다. 이 상태는 우리가 어릴 적에 영구치가 나올 때의 의식상태로 기본적으로 주위 환경과 연결된 의식이 강한 상태에서(공감 능력이 강한 상태에서) 분리된 나를 조금 인지하는 상태다. 에너지가 충만하고 주위 환경에 아이들처럼 반응한다. 하지만 영구치가 완전히 나고 시간이 지나면 어릴 때가 기억이 안 나는 것처럼, 잠을 자고 꿈을 꾸지만 일어나서는 금세 꿈이 기억나지 않는 것처럼, 술은 우리를 꿈을 꾸는 의식상태로 옮겨놓아 주지만 너무 마시면 깨어날 때 기억이 나지 않는다.

　술은 나를 주변과 연결시켜준다. 잘 이용하면 즐겁지만 잘못 이용하면 의식의 퇴행(동물의 의식상태)이 이루어진다. 제대로 된 공부를 하지 않으면 30대 이후 점점 더 외로움이 느껴지기 때문에 술 외에는 즐거움이 없는 삶을 살 수도 있다.

인간은 태어나서 육체, 생명체, 감정체를 쓰다가 이성체를
쓰기 시작하면서 이성체를 쓰기 전의 기억을 서서히
잃어간다. 그러면서 어릴 때 있었던 주위에 대한 공감
능력도 서서히 잃어간다. 그래서 아무것도 안 하고 그냥
있어도 기쁜 상태를 잊어간다. 이걸 다시 떠올려 주는
매개체가 바로 술이다.

교육의 목적은 무엇인가?

교육의 목적은 의식의 상승이다. 의식의 상승을 통한 독립이다. 그래서
자유를 얻는 것이다.

인간은 어릴 때 육체, 생명체, 감정체를 쓰며 동물의 의식상태를 거친다. 이때 동물은 육체가 스승이다. 그 육체가 시키는 대로(본능대로) 하면 된다. 하지만 인간은 한 계층 더 높은 느낌(나라는 느낌)이 들어야 한다. 그래서 그 '나'라는 느낌이 들게 하는 기관을 발달시키기 위해 오랜 기간 보살핌을 받아야 한다. 그 보살핌의 기간 동안 거의 무한에 가까운 격려를 받게 된다. 넘어져도, 일어나도, 웃어도, 팔을 흔들어도, 말을 대충해도, 밥을 먹어도, 똥을 싸도 부모는 잘한다고 격려한다. 충분한 격려를 받지 못하면 나중에 다른 이에게 그 나머지 격려를 바라게 된다. 이 충분한 격려는 감정체를 충분히 성장시켜 그 이후 이성체의 충분한 발달에 제대로 된 밑바탕이 된다. 사랑받아야 성숙해질 수 있다.

이성체의 의지는 동기이다. 다른 기관의 의지는 주변 환경에 의해 살면서 만들어지지만, 이 동기는 인간 스스로가 공부해서 만들어내야 한다. 교편에서 이야기하겠지만 인간이 자유롭다고 느끼는 경우는 스스로 정한 법칙을 따를 때이다. 갈 길을 스스로 정해야 한다. 인간만이 갈 길을 스스로 정한다. 그래서 교육이 필요하다. 교육의 목적은 의식의 상승이다. 의식의 상승을 통한 독립이다. 그래서 자유를 얻는 것이다. 말로 하지 못하는 것은 세상엔 존재해도 그 인간에겐 존재하지 않는 법이다.

그래서 인간에게는 오랜 보살핌과 교육이 필요하다. 자신의 지난날을 생각해 보라. 나는 어느 순간 변하였는가? 무슨 일이 생겨서 변했는가? 아니면 같은 일을 반복하는데 자연스레 변했는가? 아니면 전혀 변하지 않았는가? 지편에서 알게 된 지식으로 자신을 바라보고 다른 이를 바라보라. 사람마다 세상을 느끼는 과정이 다르다. 어릴 땐 감정이 행동과 구분이 안 된다. 나이가 들면 감정은 생각과 비슷하게 느껴진다. 이 또한 사람마다 차이가 있어서 40대가 넘어도 여전히 감정을 행동처럼 여기기도 한다. 저 사람은, 저 아이는 나랑 주변을 다르게 느끼겠구나만 생각해도 주변 사람들을 보는 눈이 달라질 것이다.

난 어릴 때 사랑을 많이 받았는가? 나는 지금 주변에 사랑을 나눠주는가? 아니면 여전히 부족해서 다른 이에게 사랑을 받으려 하는가?

교육의 시작은 자신을 인식하게 하는 것이다. 지편의 지식은 자신을 인식하는 데 도움을 줄 것이다. 자신의 육체와 생명체와 감정체와 이성체를 느껴보고 잘 발달된 기관과 덜 발달된 기관을 구분하고 의식적으로 인지할 때 성장이 다시 시작된다.

지금까지의 성장 과정을 도표로 그려보면 다음과 같다.

인간은 태어나면 육체, 생명체, 감정체를 사용한다. 이때의
인간은 동물처럼 꿈꾸는 의식을 사용한다. 주변과 손가락과 손
처럼 연결되어 있으면서 구분되어 있다고 느낀다.

유치가 빠지고 영구치가 나오면서 이성체를 사용하기 시작
한다. 서서히 주변과 단절되는 '나'라는 느낌을 가지기 시작한
다. 전생의 경험치를 가져오면서 전과는 다른 사람이 되기 시작
한다. 살아 있는 것과 죽은 것을 구분하지 못한다. 이때부터 아

이가 원할 때 문자나 숫자를 알려주면 좋다.

6~7살이 되면 이성체를 사용하는데 제법 익숙해지고 '나'를 중요하게 여기며 주변에 반감을 가지기 시작한다. 주변과 단절됨이 익숙하지 않으면 계속 부모를 찾게 된다. 감정과 행동을 구분하지 못한다.

8살이 되면 초등학교에 간다. 이 시기의 아이들은 아직 죽은 존재를 이해하지 못한다. (아이의 성장 상태에 따라 다를 수 있다.) 하지만 주변과 자신은 구별할 수 있다. 그래서 배우는 것이 글자와 숫자다. 그리고 글자와 숫자를 통해 세상과 다른 것들을 이해해 나간다.

초등학교 고학년이 되면서 산 것과 죽은 것을 구분하게 된다. 원인과 결과를 이해하기 시작한다. 이때부터 역사, 물리, 화학 같은 학문을 배우게 된다.

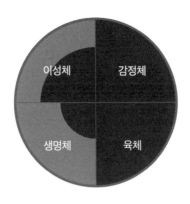

　사춘기가 되면 몸이 완전히 다 자라고 감정체도 충분히 사용한다. 이성체의 성장은 상대적으로 늦어서 '나'를 감정으로 그리고 감정을 행동으로 느낀다. 주변에 반감을 강하게 느낀다. 이성체를 사용하면서 혼란을 느낀다. 감정에 대한 공감을 충분히 해 주어야 이성체의 성장에 차질이 없다. 이성체의 동기에 대한 교육이 필요하다.

　　20대 초중반 정도가 되면 이성체를 충분히 쓰기 시작한다. 이때 어느 순간 감정이 행동이 아니라 생각으로 넘어가기 시작한다. 이때부터 자신이 좀 변했다고 생각한다. '나'의 동기가 만들어지거나 시작된다.

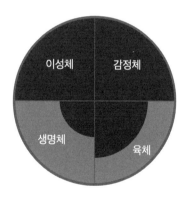

　　30대가 되면 감정이 육체보다 생각에 더욱 가까워진다. 육체와의 연결이 상대적으로 줄어들고 주변과의 단절감이 더 커진다. 자연스레 반감이 더 커지는데 의식적으로 공감을 연습해

야 한다.

'나이 듦'은 육체에서의 느린 탈출 과정이다. 육체에서 느껴지는 큰 느낌에서 내가 원하는 '나'로의 느낌의 중심 이동과정이다.

그 과정에서 '느끼는 기관'의 성장은 상대적이다. 사람마다 다르다. 그 사람의 지금을 잘 살펴봐야 한다. 그리고 그 사람의 지금에 맞게 교육을 해야 한다.

교(敎)는 '본받게 함으로써 배워야 할 것을 알게 한다'는 뜻이다 이제 교(敎)를 할 때다. 우리말은 한글로 쓰지만 뜻이 한자로 되어 있는 글자가 많아서 그 단어의 예전 모습을 찾으면 그 단어의 원래 뜻을 찾아볼 수 있다. 가르칠 교는 옛글로 𣀄 이렇게 쓴다. 爻 부분은 본받을 효라고 한다. 서로 본받는다는 뜻이다. 혹은 배워야 할 중요한 내용이다. 배울 학(學)이란 글자 𦥔 에서는 두 손으로 이 배워야 할 내용을 두 손으로 꼭 쥐고 있는 모습이 그려져 있다. 𠂤 이 부분은 사람이다. 𠂤 이 부분은 손으로 막대기를 가지고 있는 모습이다. 가르침을 준다고 보면 된다. 이를 종합하면 가르칠 교라는 단어는 '본받게 함으로써 배워야 할 것을 알게 한다'라는 뜻이다.

교를 행한다는 것은 자신이 말한 것을 스스로 행한다는 말이다. 그래서 그 모습을 지켜보는 사람들이 그 모습을 보고 저절로 닮아가게 함으로써 알려주는 방법이다.

현대의 교는 과목을 가르치는 일이다. 하지만 많은 안내자들은 지식만을 알려주고 있지 교를 하고 있진 않다. 교를 하려면 그 지식을 나에게 얼마나 적용해 보았고 그래서 내가 얼마나 변했는지 행동으로 보여야 한다. 그 과목을 배우는 일이 자신에게 얼마나 큰 도움이 되었고 그래서 난 이렇게 살아가고 있다고 교사는 말할 수 있어야 한다.

자신에게 적용할 수 없는 지식은 텅 빈 지식이다. 그래서 자신에게 적용하지 못하는 지식을 알려주는 사람 자신도 텅 비어 있다. 그래서 이런 텅 빈 지식을 배우는 아이들도 텅 비게 된다.

이런 사람은 이 과목을 왜 배워야 하는지 아이들에게 말해주지 않는다. 그래서 아이들도 왜 배우는지 모르고 그 과목을 배운다. 이렇게 그 과목을 배운 아이들이 그 과목을 의미 없지만 해야 하니까 하는 과목으로 인식한다. 그렇게 아이들에게 의미 없는 과목이 하나 더 늘어간다.

사(師, 스승 사)는 스승이란 뜻이다. 스승 사로 끝나는 단어는 요리사, 간호사, 의사, 목사, 그리고 교사다. 스승 사의 옛 글자는 𠂤帀 이렇게 쓴다. 그 중 𠂤 이 글자는 막대기에 꽂은 고깃덩이라는 뜻이다. 그 옆의 帀 모양은 칼이란 뜻이다. 그래서 스승이란 배고픈 사람들에게 고깃덩이(혹은 중요한 명령)를 나눠주는 역할이란 뜻이다. 즉 사람을 살리는 역할이 스승이었다. 그래서 사람을 살리는 직업에 스승 사라는 글자를 붙인다.

교사는 사람을 살리는 사람이다. 자신이 가르치는 내용을 자신의 삶으로 보여줌으로써 이렇게 살라고 보여주는 사람이다. 언행일치. 이것이 가르침이다.

교를 행한다는 것은 자신이 말한 것을 스스로 행한다는 말이다. 그래서 그 모습을 지켜보는 사람들이 그 모습을 보고 저절로 닮아가게 함으로써 알려주는 방법이다.

심리학과 물리학은 공부하는 방법이 달라야 한다

인간의 몸을 왜 몸이라고 하는가? 세상의 모든 것이 모여있다고 해서 몸이다. 세상과 단절된 '나'라는 느낌이 있는 인간은 자신과 분리된 세상을 담 넘어 구경한다고 생각하지만 사실 세상을 구경한다는 것은 내 안에서도 밖에서 구경한 그 세상을 발견하는 과정이다. 내가 세상에서 감동한 것은 내 안에도 있다. 내 안에 없는 것은 아무리 좋아도 감동하지 않는다. 내가 감동한 것이 나인 것이다. 인간은 감동을 통해 찾아낸 자기 안에서의 세상을 통해 세상의 숨겨진 법칙을 찾아낸다. 인간은 세상 뒤에 숨겨진 법칙을 찾아내며 세상을 '제대로' 이해한다. 인간이 성장함에 따라 그 인간이 찾아낸 세상도 성장한다. (인간의 의식이 성장함에 따라 세상이 다르게 보인다. 그리고 성장한 의식을 통해 찾아낸 법칙을 이용해 실제로 세상을 달라지게 만든다.) 세상이 인간의 성장터이면서 동시에 인간도 세상의 성장터인 셈이다. 그래서 세상엔 인간의 성장이 필요하다. 세상은 인간을 통해 변화한다. 이렇게 인간과 세상은 연결된다.

세상의 숨겨진 법칙을 찾아내는 방법을 학문이라 부른다. 학문은 대상의 존재 방식에 따라 숨겨진 법칙을 알아내는 방법이 다른데 우리나라는 학문을 대상의 존재 방식에 따라 방법을 다르게 배우지 않는다. 그냥 학문을 같은 레벨의, 지식의 종류에 따라 나눈 것이라 여기며, 생각하는 방법을 배우는 것으로 생각하지 않는다. 그래서 어떤 학문을 배우든 밝혀진 지식을 습득만 하지 생각하는 방법을 배워 자신에게 적용하지 않는다.

하지만 존재 방식에 따라 생각하는 방법을 배우고 자신에게 적용하게 되면 공부를 함에 따라 서서히 자신도 달라진다. 학문은 세상의 숨겨진 법칙을 찾아내는 방법이므로 제대로 그 학문을 공부하면 그 어떤 학문이든 그 학문을 통해 세상을 달리 보면서 자신도 바뀜을 경험하게 된다. 그래서 교를 하기 위해서는 학문의 종류에 따른 방법을 알고 학문에 따라 각각 다르게 자신에게 적용해 보아야 한다.

　　세상을 인식하는 학문은 크게 자연과학과 정신과학으로 나누며 그 대상의 존재 방식은 세 가지이다. 죽어있는 것, 살아있는 것, 그리고 정신적인 것. 이는 지편에서 말한 인간의 성장 과정에서 인식하게 되는 세상의 모습이다. 영구치가 나기 전에는 동물처럼 세상과 연결됨을 느끼지만, 영구치가 나고 나서는 세상과 단절감을 느끼고 '나(정신)'를 인식한다. 서서히 세상을 자신처럼 살아있지만 다른 구분된 존재라고 느끼기 시작하고 시간이 지나 10대 초반이 되면 살아있는 것과 죽은 것을 구분하게 된다.

　　이 구분에 따라 학문을 구분하는데 죽어있는 것(무기 자연)에 대한 학문은 물리학, 화학 등이고, 살아있는 것(유기 자연)에 대한 학문은 생물학 등이고 정신적인 것에 관한 학문은 심리학, 민족학, 역사학 등이다. 이 대상에 따라 숨겨진 법칙을 찾는 방법은 다르다.

세상의 숨겨진 법칙을 찾아내는 방법을 학문이라 부른다. 학문은 대상의 존재 방식에 따라 숨겨진 법칙을 알아내는 방법이 다른데 우리나라는 학문을 대상의 존재 방식에 따라 방법을 다르게 배우지 않는다.

살아있는 존재를 죽어있는 존재처럼
바라보아선 안 된다

예컨대 사람을 볼 때 MBTI를 물어본 후 "아, INFP이시구나" 하면서
지금 앞에 있는 사람의 모습을 보지 않고 자신의 법칙(책에서 읽은)에
그 사람을 넣는다거나 혈액형을 물어보고 "A형은 소심하던데"라면서
그 사람 자체를 보지 않는 태도가 살아있는 것을 죽은 것처럼 대하는
태도다.

죽어있는 것들을 바라볼 때 우리는 대체로 오감을 사용해 느낀다. 잎이 떨어지는구나. 하늘이 파랗구나. 파도 소리가 좋구나. 그러나 '학문적으로' 죽어있는 것들의 세상을 볼 때 오감만을 사용해 바라보는 건 세상을 반쪽만 보는 것이다. 세상의 나머지 반을 보는 학문적인 방법은 그들 사이의 공통점(법칙)을 찾는 것이다.

사과가 떨어진다. 던졌던 돌이 아래로 떨어진다. 손에 든 우산이 땅에 떨어진다. 이렇게 모든 물질은 땅에 떨어진다. '그렇구나. 사과든 돌이든 우산이든 다 땅에 떨어지는구나. 물질은 땅에 떨어지는 거네.'

죽어있는 것들의 세상에서 개별적인 것은 중요하지 않다. 개별적인 것들 사이의 관계를 원인과 결과로 나열하고 관찰함으로써 모두를 아우르는 더 큰 법칙을 찾아낼 수 있다. 그렇게 더 큰 법칙을 찾아내면 그것을 개별적인 것들에 적용해 본다. 이들의 존재와 움직임은 법칙에 따라 움직인다. 물질 $\subset$ 법칙인 셈이다. 법칙을 알게 되면 개별적인 것에 적용만 하면 되기 때문에 이런 경우 드는 정신적인 노력은 적다.

살아있는 것들을 바라보는 방법은 이와는 다르다. 참나무와 고양이를 비교하진 않는다. 고양이와 다른 고양이를 비교하지 다른 종과 비교하진 않는다. 살아있는 것들은 같은 종끼리 비교한다. 어떤 한 생물을 찾았을 때, 처음에는 외면과 기능을 보고 그 다음엔 그 생물의 원형을 찾는다.

생물들은 자신의 원형을 벗어날 수 없다. 사자는 아프리카에서도 사자이고 아시아에서도 사자이다. 돼지는 사자의 성격을 가질 수 없고 토끼는 말의 성격을 가질 수 없다. 다만 환경에 따라 살아남기 위해 그 원형 안에서 모습을 변화시킨다. 죽어있는 것들은 그들 속에 있는 법칙이 개별적인 것들보다 더 중요하지만 살아있는 것들은 원형보다 원형에서 얼마나 변했는가가 더 중요하다. 생물 ⊂ 원형이지만(원형에서 벗어날 순 없지만) 생물은 지금의 모습이 더 중요하다.

고양이를 입양해서 키우면 그 고양이는 나와 내 집에 적응한다. 그러면 그 고양이는 그 종에서만 보이는 독특한 면을 간직한 채 나와 내 집에 적응한 성격을 보인다. 이때 그 종에서만 보이는 독특한 면보다 나와 내 집에 적응한 그 고양이만의 성격이 더 중요하다. 이렇게 그 생물의 원형을 찾아내고, 그 원형과 비교해 지금의 독특한 모습을 중요하게 바라보는 방식이 살아있는 것들을 바라보는 방식이다. 죽어있는 것을 바라볼 때는 개별적인 것이 중요하지 않았지만 살아있는 것을 바라볼 때는 개별적인 것이 더욱 중요하다. 이렇게 개별적인 것을 더 중요하게 바라보는 방식은 죽어있는 것을 바라볼 때보다 개별적인 것들을 일일이 중요하게 보아야 해서 정신적인 노력이 더 크게 든다. 그래서 살아있는 것을 죽어있는 것처럼 바라보는 것이 편하다고 느껴진다.

하지만 이 두 가지를 구분하지 않으면 살아있는 것을 죽어

있는 것처럼 대하게 되거나 혹은 죽어있는 것을 살아있는 것처럼 대하게 된다. 살아있는 것을 지금 그대로 바라보지 않고 어떤 큰 법칙에 넣으려고 하거나 죽어있는 것의 개별적인 모습에 빠지게 된다.

예컨대 사람을 볼 때 MBTI를 물어본 후 "아, INFP이시구나" 하면서 지금 앞에 있는 사람의 모습을 보지 않고 자신의 법칙(책에서 읽은)에 그 사람을 넣는다거나 혈액형을 물어보고 "A형은 소심하던데"라면서 그 사람 자체를 보지 않는 태도가 살아있는 것을 죽은 것처럼 대하는 태도다. 공부할 때 지식을 외우기만 해서 학문마다 다른, 제대로 배우는 방법을 배우지 못하면 살아있는 것을 죽은 것처럼 보고 있지만, 그 방법이 왜 잘못되었는지 알지 못하게 된다. 적당히 대화를 시작할 계기 정도로만 생각해야지 그 지식 때문에 그 사람을 보지 못하면 안 된다.

살아있는 것은 지금 그 모습이 최종모습이다. 그 최종모습이 가장 중요하다. 지금 그 모습을 소중하게 바라보는 것이 살아있는 것을 보는 방법이다.

정신과학의 목적은 자유를 획득하는 것이다

스스로 부여한 명령에 따라 즐거이 행위를 할 때 우리는 자유롭다고
느낀다. 우리는 자유를 얻기 위해 공부한다. 그렇게 공부한 내용을
바탕으로 '이렇게 살아야 한다'라고 말한다.

사람에게 정신세계는 실재한다. 실제로 물질세계보다 정신세계에서 더 큰 영향을 받는다. 행동보다 의도가 더 중요하며 같은 행동에 대해 의도에 따라 다른 느낌을 받기도 한다.

인간은 이러한 '정신'을 얻기 위해 진화했다. 외부와는 단절된 느낌인 '나'를 얻은 후에야 이런 정신을 얻는 것이 가능했다. 인간은 태어나서 영구치가 나오기 시작하면서부터 정신을 사용하기 시작한다. 이 정신의 움직임은 자연의 죽어있는 것이 외부의 법칙에 의해서만 움직이는 방식과는 다르다. 이 정신의 움직임은 자연의 살아있는 것들이 유형을 벗어날 수 없는 것과도 다르다. 돼지는 사자의 용맹함을 가질 수 없으며, 개는 소의 그 특유의 느긋함을 가질 수 없다. 오직 인간만이 돼지처럼 많이 먹거나, 사자처럼 용맹하거나, 개처럼 충직하거나, 소처럼 느긋하게 있을 것을 선택할 수 있다. 인간만이 운동한다. 사자가 사자후 연습하는 걸 봤는가? 고양이가 유연성을 키우기 위해 요가 하는 걸 본 적이 있는가? 동물들은 그러한 특성을 타고 난다. 대신 바꿀 수 없다. 인간에겐 모든 동물의 특성이 들어있다. 인간은 그 동물과 같은 행동의 반복을 통해 그 동물의 특성을 자신의 특성으로 '선택'할 수 있다.

인간은 외부의 법칙에 따라 움직이는 존재와는 달리 자신의 움직임의 법칙을 스스로 결정해야 한다. 만일 외부의 어떤 법칙에 따라 움직인다면 그 법칙은 스스로 받아들이기로 한 법칙이어야 한다. 자연의 죽어있는 것은 법칙에 따라 움직일 뿐 그 법칙을 선택할 자유가 없다. 자연의 살아있는 것은 원형에서 벗어날 수 없다. 그러나 인간은 자신의 행동을 선택할 수 있다. 자유란 내가 정한 법칙에 따라 행동하는 것이다. '죽어있는 것 ⊂ 법칙'이고, '살아있는 것 ⊂ 원형'이라면 '인간의 정신 = 법칙'이다. 스스로 정한 이유로 움직이는 것. 이것이 자유다. 인간은 자유를 얻기 위해 진화했다. 자신이 어떤 존재인지 자신이 스스로 정해야 한다. 그것이 자유다.

이렇게 자신이 어떤 존재인지 정하면 동시에 세상을 어떻게 살아갈지도 정해진다. 세상을 어떻게 살아갈지 정해진다는 것은 세상에 어떤 방식으로 참여할지 정한다는 말과 같다. 인간은 정신을 알고 그 정신에 대한 인식을 바탕으로 세상에 참여할 방법을 찾게 된다. 이렇게 정신에 대해 알고 그 정신에 대한 인식을 얻기 위해 인간은 정신과학을 발달시켰다. 이 정신과학에는 심리학, 민속학, 역사학 등이 있다. 그래서 이러한 정신과학의 목적은 당연히 개인의 자유 획득이다.

어떤 강연에서 어떤 얘기를 듣고 감명을 받아서 '저 사람의 이야기는 정말 좋은 이야기야. 나도 저렇게 해봐야지'라고 생각했다고 하자. 이런 경우 보통 지금의 나는 저렇게 할 수 없지만 저 이야기를 듣고 나도 할 수 있을지도 모른다는 가능성을 본 것으로 생각한다.

하지만 사실 외부의 어떤 것에 감동했다면 그건 외부에 있는 것이 아니라 내 안에 있'었'던 것이다. 무언가에 감동하려면 그건 내 안에 있는 것과 같은 것이어야 한다. 그건 아직 내가 발견하지 못했던 나의 모습인 것이다. 내 외부에 있는 것을 나의 내부로 가져온다는 것과 원래 내 안에 있던 것인데 미처 발견하지 못했다는 인식의 차이는 어마어마하다. 앞의 인식이 나는 약한 존재인데 외부의 것을 가져와야 강해진다고 생각했다면 후자는 나는 원래 강했는데 잊었던 강함을 다시 찾아내는 것이다.

이렇게 세상을 통해 나를 이해하는 것이 심리학이다. 심리학은 세상을 통해 발견하는 '나에 대한 이해'가 목적이다. 나는 몸을 가졌다. 몸에는 세상의 모든 것이 모여있다. 인간은 세상을 통해 내 안에서 세상을 발견한다. 이러한 '나에 대한 이해'가 심리학에서는 유일한 연구방식이다. 이때 필요한 감정이 바로 경외감이다. 감탄하고 감동하고 우러러보는 느낌은 감탄하고 감동하고 우러러보게 된 세상을 내 안에서도 발견하게 해 준다. 반대로 우리가 공부(?)를 하면서 가져야 한다고 생각하는 비판하고 판단하는 능력은 삶을 잘 살게 해 주지만 의식의 상승에는 도움이 되지 않는다. '나에 대한 이해'가 없고 나에게 적용하지 않는 정신학문은 공부할수록 공허해진다.

한국인은 다른 나라 사람들과 다른 개별성을 가지고 있다. 다른 나라 사람들과는 다른, 그 나라만의 정신의 개별성을 연구하고 그 개별성을 공부하는 자신에게 적용하는 학문을 민속학이라고 한다. 우리나라 이름이 KOREA라는 것은 우리는 고려인이라는 말이다. 우리가 고려(麗자는 나라 이름으로 부를 때는 '리'라고 발음해야 한다. 고려는 고려로 발음하는 것이 아니라 고리라고 발음해야 한다. 그래서 우리가 고리아 > 코리아인 것이다)를 계승한다는 말은 그들의 복식과 생활방식을 계승한다는 말이 아니라 그들의 정신을 계승한다는 말일 것이다. 우리만의 정신세계를 연구하고 그 정신이 표현된 유물과 우리의 말을 연구하여 자신에게 적용함으로써 '나에 대한 이해'를 할 수 있게 한다. 이런 민족정신에 대한 이해는 한국인인 내가 어떻게 세상을 살아가야 하는지에 대한 이해를 하게 해준다.

지난 역사를 되돌아보면 어떤 시대에 어떤 일이 일어난 것은 어떤 법칙이 존재해서 그 법칙이 드러난 현상이 아니다. 개별적인 사람들이 각자의 생각으로 행동한 결과가 역사다. 그래서 그 시대에 어떤 개별적인 사람들이 어떤 일을 했는지를 파악하고, 어떤 목적을 세웠고 그들 시대에 어떤 방향을 제시했는지, 그래서 인류의 의식성장에 얼마나 이바지했는지 살펴보는 것이 역사학의 목적이다. 어떤 법칙보다 한 개인이 어떤 생각을 가지고 어떻게 시대에 영향을 끼쳤는지가 중요하다.

하지만 오늘날 대한민국에서는 일어난 사건들을 나열하면서 원인과 결과로 서술하고 그 사건들이 일어난 과정을 아는 것을 역사학을 공부하는 것이라 생각한다. 이것은 마치 인간을 죽은듯 대하는 것과 같다. 임진왜란 때 일본이 쳐들어왔고(원인) 이순신 장군이 이를 물리쳤다(결과)로 서술하는 것이다. 이렇게 사건의 나열만을 역사를 공부하는 유일한 방식이라고 배우면 안 된다. 역사의 중심은 개인이다. 그 개인의 정신이다. 이순신의 정신이다. 그의 목적이 무엇이었고 어떤 행동을 했으며 어떤 방향을 제시했는지 살펴보는 것이 역사학의 목적이다. 이렇게 살펴본 '그'에 대한 이해를 통해 '나에 대한 이해'를 한다. 이런 역사 속 인물에 대한 이해는 내가 어떻게 세상을 살아가야 하는지에 대한 이해를 준다.

정신과학의 목적은 자신에 대한 이해를 통한 자유의 획득이다. 인간은 해야만 하기 때문이 아니라 하고자 하므로 행동한다. 학생들에게 묻는다. "너 공부 왜 해?" 그들의 대답은 대부분 해야만 하기 때문이라고 한다. 해야만 하므로 하는 행동의 동기는 공포다. 공포에 따라 행동하는 사람들은 자유가 없다. 충분한 사고 과정이 없으면 해야 하므로 하게 된다. 하고자 하므로 하는 행동의 동기는 즐거움이다. 슈타이너(Steiner)는 "통찰하는 자, 원하게 된다"고 했다. 스스로 부여한 명령에 따라 '즐거이' 행위를 하게 된다. 스스로 부여한 명령에 따라 즐거이 행위를 할 때 우리는 자유롭다고 느낀다. 우리는 자유를 얻기 위해 공부한다. 그렇게 공부한 내용을 바탕으로 '이렇게 살아야 한다'라고 말한다. 이렇게 살아야 한다고 스스로 선택한 생각이 바로 '씨'다. 한 인간이 이 '씨'를 스스로 발견할 때 우리는 그 순간을 철(屮, 싹 철)들었다고 한다. 콩 심으면 콩 나듯 이 씨는 자라 그 자신이 될 것이다. 그 자신을 다른 이에게 행동으로 보여주는 것이 바로 '교(敎)'다.

MBTI보다 더 필요하고 알아둬야 할
인간의 습득 유형

구르지예프(Gurdjieff)가 말한 인간의 중심 중에서 여기서 필요한 중심은
3가지이다. 그 중심은 머리 중심, 가슴 중심, 그리고 사지 중심이다.
인간은 누구나 이 중심들을 이용한다. 다만 머리 6, 가슴 3, 사지 1 이렇게
사용하는 정도가 다르다.

구르지예프(Gurdjieff)에 의하면 인간에겐 여러 중심이 있는데 그 인간이 주로 사용하는 중심에 따라 무언가를 습득하는 방식이 다르다고 한다. 그래서 교사는 학생이 주로 사용하는 중심의 유형을 알아보고 그 유형에 맞게 다가가면 자신이 전달하고자 하는 바를 잘 전달할 수 있다. 반대로 그 유형과 맞지 않으면 전달하고자 하는 바를 전달할 때 힘이 든다. 그래서 교사가 인간의 중심 종류와 그 중심을 주로 사용하는 유형을 알면 좋다.

이는 상황에 따라 달라지는 MBTI 같은 유형 분류와는 다른, 인간의 본질과 관계있는 유형의 분류이다. MBTI에서 말하는 내가 외향적인지, 내향적인지는 상황과 누구와 있는가에 따라 달라진다. 내가 집에 있을 때, 집에서 어머니랑 있을 때, 아버지랑 있을 때, 학교에서 시험을 보고 왔을 때, 월급을 받고 집에 왔을 때, 직장에 있을 때, 직장에서 부장과 함께 있을 때, 술집에 있을 때, 술집에서 친한 친구와 있을 때, 남자친구와 있을 때, 그 남자친구와 싸울 때, 앞에서 발표할 때 등 매 순간 우리는 내향적인지 외향적인지 갈피를 못 잡을 만큼 왔다 갔다 한다. 내가 어떻게 행동할지 나도 모른다. 너무나 우연적이고 즉흥적이다. 하지만 구르지예프(Gurdjieff)가 말한 인간의 중심에 의한 분류는 거의 항상 같다. 이를 통해 사람들을 바라보면 분류하는 과정은 간단하지만 그 사람과 사람들 사이의 많은 새로운 사실들을 볼 수 있다.

구르지예프(Gurdjieff)가 말한 인간의 중심 중 여기서 필요한 중심은 3가지이다. 그 중심은 머리 중심, 가슴 중심, 그리고 사지 중심이다. 인간은 누구나 이 중심들을 이용한다. 다만 머리 6, 가슴 3, 사지 1 이렇게 사용하는 정도가 다르다. 내가 어떤 중심을 주로 이용하는지 알아보는 방법은 내가 기운이 빠졌을 때, 우울해졌을 때 어떻게 에너지를 충전하는가를 보면 알 수 있다.

머리 중심을 주로 이용하는 사람들은 혼자 있으려고 한다. 게임을 하든, TV를 보든, 책을 읽든, 산책하든 이 사람들은 혼자 있어야 에너지가 충전된다. 하루에 일정 시간, 혹은 1주일에 일정 시간 혼자 있는 시간이 없으면 점점 불안해진다.

가슴 중심을 주로 이용하는 사람들은 남들과 같이 있어야 한다. 게임을 하든, TV를 보든, 책을 읽든, 산책하든 이 사람들은 누군가와 함께 있어야 에너지가 충전된다. 어떤 사람과 일정 시간 이상 대화를 해야 에너지가 충전된다. 아무도 만나지 않는 시간이 계속되면 이 사람들은 점점 불안해진다. 이 느낌을 외롭다고 느끼고 사람들을 찾아다닌다. 약속을 만들어내고 뭔가 함께 행동하려 한다.

사지 중심을 주로 이용하는 사람들은 주로 자신의 몸에 에너지를 직접 주입하는 식으로 에너지를 충전한다. 쉽게 말해 먹거나 운동을 하는 등 몸의 상태가 좋아지면 자신도 좋아진다. 뭔가 좋아하는 음식이 있는데 1주일에 몇 번 정도 먹지 않거나 뭔가 좋아하는 운동이나 행동을 하지 않으면 불안해진다.

남편이 머리 중심을 이용하는 사람이고 아내가 가슴 중심을 이용하는 사람이라 가정하면 매일 저녁에 이런 일이 펼쳐진다. 남편이 일하고 아내가 집에서 육아하는 상황일 때, 남편이 일하고 집에 오면 남편은 에너지가 방전돼 혼자 있으면서 에너지를 채우려고 한다. 아내는 종일 혼자 있어서(아이 키우는 건 혼자 있는 것과 마찬가지다) 에너지가 방전돼 남편이 오길 기다렸다 대화를 하면서 에너지를 채우려고 한다. 이런 경우 누군가가 상대방의 방식에 맞춰야 하지만 이런 사정을 모르고 자신의 방식만을 고집할 경우 서로에게 서운함이 커진다. 서로 이해하지 못하고 섭섭해한다. 그래서 서로의 중심 사용을 알게 되면, 그래서 상대방의 에너지 충전방식을 이해하게 되면 상대방을 이해할 수 있다(이건 남녀의 차이가 아니다. 그 사람이 어떤 중심을 사용하는지에 대한 이야기이다).

머리 중심을 주로 사용하는 사람들은 이해를 통해 행동으로 나아간다. 머리 중심의 사람들에게 아무런 이해 없이 어떤 일을 지시하면 그 일을 이해하게 될 때까지 일하지 않거나 불만을 느낀다. 충분히 이해가 되면 혼자 하든 누군가와 함께하든 열심히 한다. 운동한다고 하면 이 행동은 이런 것을 위한 거라고 충분한 설명을 듣는 것을 좋아한다. 교사가 머리 중심을 주로 사용하는 사람이라면 자신이 이해한 만큼 이해를 잘 시켜줘 학생 또한 머리 중심을 주로 사용하는 사람이 잘 맞는다.

가슴 중심을 주로 사용하는 사람들은 대화를 통해 행동으로 나아간다. 조금 이해하지 못해도 누군가가 함께한다면 기꺼이 그 행동을 함께한다. 이 사람들에게 공부는 함께 하는 것이다. 대화를 통해 공부하는 것을 좋아한다. 운동한다면 한자리에서 함께 하는 것을 좋아한다. 교사가 가슴 중심을 주로 사용하는 사람이라면 충분한 공감과 함께 편안하게 이끌어주어 가슴 중심을 주로 사용하는 사람들이 편안해한다.

사지 중심을 주로 사용하는 사람들은 그냥 행동한다. 행동을 통해 배운다. 행동한 후 얻어지는 느낌을 통해 배운다. 운동한다면 "그냥 이렇게 해봐. 어떤 느낌이야? 이런 느낌이 올 때까지 하는 거야."라고 해 주는 걸 좋아한다. 인도에서 몸을 통한 고행을 한다고 하면 사지 중심을 주로 사용하는 사람들이다. 교사가 사지 중심을 주로 사용하는 사람이면 행동지침을 정확하게 내려주고 그 결과를 알기 쉽게 알게 해주면 사지 중심을 주로 사용하는 사람들이 좋아한다.

교실에는 이런 세 가지 타입의 사람들이 섞여 있다. 그리고 앞에 있는 교사는 주로 머리 중심의 사람들이다. 그래서 다른 중심을 사용하는 학생들은 함께 공부하고 싶은데, 움직이면서 공부하고 싶은데 그러질 못한다. 교사는 교를 행하면서 여러 타입의 학생들도 편하게 자신의 공부를 할 수 있도록 방안을 고안해야 한다. 자신에게 주목해야 할 때를 제외하곤 자신의 방식으로 공부할 수 있도록 하는 등 학생에게 맞는 방식의 과정을 개발해야 한다.

'쟤는 왜 잘 설명해 줘도 이해를 못하지? 왜 쟤는 내 말을 알아듣지 못하지?'와 같은 질문은 어쩌면 그 학생의 중심에 맞지 않는 과정을 진행하고 있어서일 수도 있다. 무언가를 전달하는 방식이 이 세 가지 타입의 학생들을 모두 아우르는 방식이면서 그 학생에게 맞는 방식으로 진행되어 간다면 교사와 학생 모두에게 좋은 과정이 될 수 있다.

그리고 사실 이 분류는 자신의 유형을 알고 자신에게 맞는 스승을 찾기 위한 분류이다. 결국 자신의 방식을 뛰어넘어 세 가지 방식 모두를 이해하는 다음 과정으로 나아가야 하지만, 그 전에 나에게 맞는 방식을 알고 시작하는 것이 좋기 때문이다.

공부 잘하는 방법

정답을 많이 맞히려면 시험에 관한 연구가 필요하다. 우리말에는 시험이라는 단어가 하나밖에 없지만 영어에는 시험이란 단어가 두 가지가 있다. 그건 바로 지식시험을 뜻하는 'exam'과 능력 시험을 뜻하는 'test'다. 이 두 가지는 측정하고자 하는 대상이 다르고 목적도 다르며 측정하는 방법도 다르다.

교를 하는 목적 중 하나가 공부를 잘하게 하는 것이다. 공부를 잘한다는 건 뭘까? 학부모들에게 "공부를 잘한다는 건 어떤 거예요?"라고 물어보았다. 그들의 대답은 성실하게 공부하는 것, 공부하는 걸 좋아하는 것, 계획을 세우고 잘 지켜나가는 것, 꾸준히 하는 것, 똑똑한 것 등이었다. 부모들이 생각하는 공부를 잘한다는 것은 공부하는 태도나 능력에 관한 얘기였다. 그러나 실제로 우리가 공부를 잘한다는 것, 즉 반 1등은 이와는 거리가 멀다.

반 1등은 성실하지 않을 수도, 공부하는 걸 좋아하지 않을 수도, 계획을 세우고 잘 지켜나가지 않을 수도, 꾸준하지 않을 수도, 그리고 똑똑하지 않을 수도 있다. 반 1등이 반 1등인 이유는 단순히 시험에 나온 문제의 정답을 많이 맞혔기 때문이다. 결국 똑똑하게 계획을 세워서 꾸준하고 성실히 잘 지켜나가는 건 반 1등이 되고 싶은 것이고 정답을 많이 맞히고 싶은 것이다. 하지만 똑똑하게 계획을 세워서 꾸준하고 성실히 잘 지켜도 정답을 많이 맞추지 못할 수도 있다. 그래서 공부를 잘하려면 정답을 많이 맞히려고 '연구'해야 한다.

정답을 많이 맞히려면 시험에 관한 연구가 필요하다. 우리말에는 시험이라는 단어가 하나밖에 없지만 영어에는 시험이란 단어가 두 가지가 있다. 그건 바로 지식시험을 뜻하는 'exam'과 능력 시험을 뜻하는 'test'다. 이 두 가지는 측정하고자 하는 대상이 다르고 목적도 다르며 측정하는 방법도 다르다.

지식시험을 준비하면서 능력 시험처럼 준비하거나 능력 시험을 준비하면서 지식시험처럼 준비하는 것은 마치 공을 멀리 차는 시험을 준비하면서 태권도 연습을 하는 것처럼 어이없는 일이다. 하지만 우리는 이 둘을 구분하지 못한다.

지식시험은 말 그대로 지식을 측정하는 시험이다. 지식은 왜 배우는가? 지식이 없다면 세상에는 존재하는 대상이 그 인간에게는 존재하지 않게 된다. 앞에서 말한 것처럼 풀 무리를 지나가지만 풀의 종류를 구분할 수 없다면 그건 그냥 풀 무리일 뿐이다. 공부는 내 안에서 세상을 발견하는 것이다. 내 안에서 그 세상을 발견하려면 지식을 배워야 한다.

예전 드라마 <선덕여왕>에서 선덕여왕이 즉위하기 전 신라에 일식이 있었는데 그 일식 현상이 달이 해를 가리는 현상이라는 사실을 알고 있는 사람이 나라에 두 명 있었고, 그 두 명은 그 일을 선덕여왕의 즉위식에 이용했다. 일식이 일어나기 전 온 나라에 지금의 왕이 부덕해 어느 날 해가 없어지고 곧 새로운 해가 나타날 거라는 방을 붙인다. 그리고 해가 없어진다고 했던 날, 사람들이 모여들었는데 하늘이 깜깜해졌을 때 과학적 지식이 없던 대부분 사람은 하늘이 노했다고 엎드려 절을 했고 다시 하늘이 밝아졌을 때 선덕여왕이 성 위에 모습을 내보였다. 어떤 대상이 무서운 이유는 그 대상에 대해 잘 모르기 때문이다. 잘 알면 무섭지 않다. 절하지 않아도 된다. 제대로 배운 지식은 부정적 감정에서 자유롭게 한다.

이런 지식을 측정하는 시험의 특징은 절대평가이며 시험 시간이 무의미하며 시험을 통과하면 자격을 준다. 우리나라의 대표적인 지식시험이 운전면허 시험이다. 통과하면 면허증을 준다. 중고등학교에서 보는 중간 기말고사도 지식시험이다. 통과하면 졸업장을 준다. 지식시험이 절대평가인 이유는 예를 들어 우리 반에 구구단을 가르친다고 하자. 우리 반 모두가 9단까지 잘 외우고 활용도 잘한다. 그럼 나는 모두에게 A를 준다. 학습목표에 모두가 도달했기 때문이다. 학생들이 살면서 필요한 지식을 익히는 것이 목표이므로 절대평가다. 모두가 잘하면 모두 A다.

이 지식시험을 대비하는 방법은 그 지식의 전문가에게 그 지식 내용을 들으면 된다. 그 내용을 잘 적고 정리해서 다시 인출하면 된다. 대한민국의 중고등학교는 1교시엔 국어 전문가가, 2교시엔 수학 전문가가, 3교시엔 영어 전문가가 와서 지식을 전달한다. 그러면 학생들은 잘 받아적고 이해한 후 전문가들이 중요하다고 했던 내용을 잘 인출하면 좋은 점수를 받게 된다. 그래서 지식시험을 대비할 때 가장 중요한 건 수업시간에 전문가에게 집중하는 것이다.

우리는 능력 시험과 지식시험을 구별하지 못한다

피아노 악보를 볼 수 있는 것과 그 악보를 피아노로 칠 수 있는 것은 다르다. 아는 것과 할 수 있는 것은 다르다. 세상에 존재하는 것을 내 안에서도 발견하는 '지식'과 그것을 활용하는 '능력'은 다르다. 능력이란 단위 시간당 측정할 수 있는 그 행동의 결과물의 양이다. 한 시간에 빵을 다섯 개 만드는 사람의 능력은 한 시간에 빵을 한 개 만드는 사람의 능력보다 크다.

능력은 왜 있어야 할까? 능력이 없으면 삶이 불편해진다. 한 시간에 빵을 다섯 개 만들 수 있는 사람은 한 시간에 한 개 만드는 사람이 5시간 동안 빵을 만들 때 한 시간만 일하고 네 시간을 쉴 수 있다. 한 달에 10일을 일하고 천만 원을 벌 수 있는 사람에 비해 한 달에 26일을 일하고 삼백만 원을 버는 사람의 삶은 상대적으로 불편하다. 그래서 능력을 키워야 하며 그래서 능력을 시험으로 측정한다.

능력 시험은 지식 시험과는 다르게 시간 제한이 중요하다. 학교 국어교사도 80분 동안 수능 국어를 모두 못 읽을 수도 있다. 지식의 유무와 글을 제시간에 제대로 읽는 능력은 다르기 때문이다. 머리에서 지식을 꺼내는 것이 아니라 주어진 시간 내에 주어진 정보를 이용해 다양한 방법 중 하나를 이용해 최대한 짧은 시간에 질문을 해결해야 한다. 이렇게 시험을 통과하면 지식 시험에서는 자격을 주지만 능력 시험에서는 등급을 준다. 내가 아무리 잘해도 다른 이가 나보다 더 잘하면 내 등급은 그 사람보다 더 낮다. 그래서 상대평가다.

지식 시험에서는 성적을 잘 받기 위해 전문가가 필요했지만 능력 시험에서는 코치가 필요하다. 공을 잘 던지는 능력을 갖추고 싶다면 공을 코치 앞에서 던져보고 그걸 본 코치가 조언해주는 과정을 반복한다. 능력 시험에서는 누군가가 하는 것을 구경만 해서는 그 사람처럼 그걸 해내지 못한다. 누군가가 피아노를 치는 영상을 많이 본다고 해서 내가 잘 치게 되는 것이 아니다. 그래서 스스로 해내는 과정이 필요하고 그 과정에서 좀 더 잘하게 할 수 있는 코치가 필요한 것이다. 이런 능력 시험을 대비한다고 누군가가 연구해서 얘기해주는 동영상만 계속 보면 동영상을 오랫동안 잘 볼 수 있는 능력만 향상되게 된다.

학교 중간 기말고사가 지식 시험이었다면 대학교에 가기 위해 보는 수능은 능력 시험이다. 수능은 수학능력시험의 준말이다. 대학교에서 공부할 수 있는 능력을 측정하는 시험이다. 수능은 수업을 잘 듣는다고 잘 볼 수 있는 시험이 아니다. 스스로 많이 읽고 연구해야 잘 볼 수 있는 시험이다.

학교 시험은 전문가가 하는 얘기를 잘 적고 이해하면 되지만 수능은 잘 적고 잘 이해했다고 해서 잘 볼 수 있는 시험이 아니다. 스스로 직접 해결해 본 경험이 많아야 한다. 구경만 많이 해선 안 된다. 타자는 타석에서 좋은 결과를 내는 단 한 번의 타격을 위해 하루 500번의 타격연습을 한다. 능력 시험은 연습이 필요하다.

인간은 머리를 이용해 이해한다. 제대로 이해를 했으면 사지를 이용해 활용한다. 운전을 처음 배울 때는 할 때마다 머리를 쓰며 '다음은 이렇게 그 다음은 이렇게' 하며 과정을 계속 되뇌며 진행하지만 오랫동안 운전을 반복하면 머리를 전혀 사용하지 않아도 저절로 운전할 수 있게 된다.

수학능력도 마찬가지여서 처음엔 머리로 제대로 이해한 후 제대로 반복을 하면 그 다음은 머리를 사용하지 않아도 저절로 손이 해결하게 된다. 인간의 머리는 사지보다 느리다. 무언가 나에게 날아올 때 머리로 '어? 뭔가 날아온다. 피해야겠다'라며 생각하고 있다면 분명 맞는다. 이럴 땐 보통 본능적으로 그냥 피한다. 그 뒤에 '뭐였지? 큰일 날 뻔했네!'라고 머리를 사용한다.

훈련이란 것은 처음엔 머리를 사용해 느리지만 과정을 제대로 이해하고 그 과정을 반복해서 결국 사지가 그걸 해낼 수 있도록 하는 과정이다. 제대로 이해하는 과정이 없다면 응용할 수 없게 되고 제대로 반복하지 않으면 해결하는 데 오랜 시간이 걸린다. 이처럼 지식 시험과 능력 시험은 그 대상과 목적과 방법이 다르므로 다르게 대비해야 한다. 교사는 이 둘을 제대로 구분하고 다르게 접근해야 한다.

하지만 대한민국의 중고등학교는 이 개념이 뒤섞여 있다. 분명 학교에서 보는 시험은 지식 시험인데 상대평가를 한다. 간혹 중간고사를 수능처럼 내기도 하는데 그런데도 그 시험을 해결하는 시간은 지식 시험 시간을 준다. 처음 본 문제를 해결할 충분한 시간을 주지 않는다. 외워서 풀라는 이야기다. 지식 공부를 하면서 능력 시험에 대비한다. 대상과 목적과 방법이 뒤섞여 있고 그 과정을 왜 하는지 충분한 이해가 되어있지 않다.

학교생활에서 상대평가를 하면 서로가 경쟁자다. 학교생활에서 절대평가를 하면 서로가 협력자가 된다. 학교생활의 목적을 분명히 하고 그 목적에 맞게 과정을 고민하고 모두가 이해하는 방법으로 교육이 진행되길 바란다.

수능은 잘 적고 잘 이해했다고 해서 잘 볼 수 있는 시험이
아니다. 스스로 직접 해결해 본 경험이 많아야 한다.

수능 국어를 공부하는 이유 1

나는 학원에서 수능 국어와 수능 수학을 가르친다. 내가 수능 국어와 수학을 모두 가르친다고 하면 대부분 이런 반응이다. "국어와 수학은 전혀 다른 학문인데 그걸 어떻게 다 가르쳐요? 그것도 고3을요?" 국어와 수학은 다른 학문이 아니다. 한국과 일본만이 이 두 과목을 문과와 이과로 구분하고 서로 다른 학문이며 잘하는 사람 또한 나뉘어 있다고 한다. 두 과목 다 3단 논법의 반복이며 쓰는 용어만 다를 뿐이다. '사람은 죽는다. 소크라테스는 사람이다. 그래서 소크라테스도 죽는다'가 구어식 표현이라면 '서로 다른 두 수 A,B는 A × B = 0일 때, A혹은 B는 0 이다. 방정식은 x 값에 따라 참 혹은 거짓이 될 수 있는 식인데 어떤 방정식 $(x-1)(x-2)=0$ 이다. 그래서 이 방정식을 참으로 만드는 x는 1 또는 2이다'는 수학식 표현이다.

그래서 수학을 잘하려면 국어를 잘해야 하며 반대로 국어를 잘하기 위해 수학을 잘해야 한다. 두 과목은 기본적으로 언어와 기호를 도구로 사고력을 측정하기 때문이다. 그래서 두 과목 모두 단어에 대한 이해와 기호에 대한 이해를 기본으로 한다.

난 학원에 오는 모든 학생에게 묻는다. "공부 왜 해?" 같은 이유로 국어를 수업하든 수학을 수업하든 똑같은 것을 묻는다. "국어는 왜 배울까?", "수학은 왜 배울까?", "국어문법은 왜 배울까?", "삼각함수는 왜 배울까?" 대부분 그런 고민 따윈 하지 않는다. 계산만 하고 답만 낼 줄 알지 계산을 왜 하고 그 답이 어떤 의미가 있는지에는 관심이 없다. 하지만 어떤 일을 시작해서 그 일을 오랫동안 하기 위해서는 '재미, 성과, 의미'가 있어야 한다. 재미만 있으면 재미가 없으면 하지 않게 되고, 성과가 있으면 성과가 있을 때까지만 하지만 의미가 있으면 재미가 없어도 성과가 없어도 지속할 수 있다. 수능 국어와 수학은 재밌는 과목이며 성과도 확실하지만 의미를 알려주거나 알고 있는 사람은 드물다.

수능 국어는 왜 배울까? 기본적으로 수능 국어는 지문을 읽고 답하는 과정이다. 지문은 누군가가 목적을 가지고 쓴 글이다. 그 글을 읽고 이해한 뒤 질문에 답을 한다. 그 글을 읽고 이해하는 과정이 굉장히 중요하다. 대학에 가서 공부할 수 있는 능력 중 가장 기본적인 능력이 바로 이 '글을 읽고 이해하는' 능력이다. 어떤 글을 이해하는데 누군가는 1시간이 걸리는데 누군가는 5시간이 걸린다면 1시간 걸리는 사람이 4시간 동안 다른 활동을 할 때 5시간 걸리는 사람은 도서관에서 4시간을 더 공부해야 한다. 이해하는 시간이 너무 느린 사람은 제대로 공부해 나가기가 힘이 든다. 수능 국어는 정해진 시간 내에 글을 이해함을 측정한다. 그래서 능력을 키움으로써 대학에서, 나아가 삶에서 글을 잘 이해할 수 있게 한다.

글은 문학과 비문학으로 나뉜다. 비문학은 문학이 아닌 글이므로 문학을 정의하면 비문학도 정의된다. 문학이란 어떤 글인가? 고3한테 물어봐도 대부분 잘 모른다. 대학을 졸업한 학생에게 물어봐도 잘 모른다. 우리 대부분은 어떤 일을 할 때의 목적과 의미 같은 것을 중요하게 여기는 태도가 익숙하지 않다.

　문학이란 정서를 전달하는 글이다. 문학을 읽었다는 것은 글쓴이의 정서를 전달받았다는 것이다. 정서는 어떤 상황에 대한 반응이다. 그 반응은 느낌과 행동으로 나뉜다. 가난해서 어쩔 수 없어 슬플 수도 있고, 가난해서 도망가고 싶을 수도 있지만, 가난해서 극복하고 싶을 수도 있다. 이렇게 모든 문학에선 등장인물의 상황이 나와 있고 그 상황에서 인물들이 어떻게 행동하고 느꼈는지 나타나 있으며 그 상황에서의 반응을 받아들이는 것이 문학을 읽는다는 것이다. 그리고 그 문학이라는 글에 감동했다는 것은 그 글에 공감했다는 말이다. 문학을 공부하는 이유는 사람에게 공감하기 위해서다. 내 안에서 그 감정을 찾아내기 위해서다. 문학이 잘 이해가 안 된다는 사람들은 아직 그런 경험이 적거나 다른 사람들을 잘 공감하지 못하는 사람들일 수 있다. 문학에서 사용하는 단어를 잘 모르는 경우도 많지만 그런 단어를 잘 사용하지 않는다는 것에서 이미 그런 감정을 잘 안 느끼는 사람이라는 것이다. 문학을 읽는다는 것은 어떤 상황에서 이렇게 반응하는 사람들을 보면서 그 반응을 '나'에게 적용해 보는 것이다.

　비문학은 문학이 아닌 글이다. 문학은 정서를 전달하는 글이므로 비문학은 정서를 제외한 내용을 전달한다. 그래서 비문학은 주로 정보를 전달하며 이해나 설득을 목적으로 한다. 비문학을 읽고 이해한다는 것은 정보를 얻거나 주장의 근거를 판단해본다는 것이다. 비문학을 제대로 이해한다는 것은 글을 읽고 내용을 이해하고 그 글의 내용을 다른 곳에 적용해 볼 수 있고 자신의 언어로 다시 다른 이에게 설명할 수 있다는 말이다.

그래서 수능 문학 지문에서는 상황과 반응에 관한 질문을 하며 비문학 지문에선 주어진 정보를 제대로 읽고 다른 곳에 적용할 수 있는지에 관한 질문을 한다. 질문에 정답을 찾기 위해서는 '내 생각'이 아닌 '글쓴이나 작중 인물의 생각'을 기준으로 해야 한다. 다음 글을 읽고 물음에 답하는 과정이지 네 생각이 무엇이냐고 묻는 과정이 아니기 때문이다. 이런 수능 국어를 잘 맞추는 훈련은 대화할 때 '내 생각'이 아닌 '말하는 사람의 의도'를 더 중요하게 여기는 태도로 나아갈 수 있다. 상대방의 말을 더욱 주의 깊게 듣게 되고 그의 의도대로 이해하고 느끼려고 노력하게 된다.

두 가지 종류로 나누어서 글을 읽지만 이 두 가지 종류의 글에서 얻을 수 있는 감정과 정보는 사람과의 대화에서 필수적인 요소이다. 비문학을 잘 이해할 수 있다면 다른 이가 말하는 대화 속에서도 정보를 잘 이해할 것이며 문학을 잘 이해할 수 있다면 다른 이와의 대화 속에서도 그 사람의 감정을 잘 이해하고 공감할 수 있을지도 모른다. 그래서 수능 국어의 목적은 공부를 위한 글에 대한 이해력을 높이고 대화 속에서 다른 이의 말을 잘 듣고 이해하고 공감하는 것이다.

비문학을 잘 이해할 수 있다면 다른 이가 말하는 대화 속에서도 정보를 잘 이해할 것이며 문학을 잘 이해할 수 있다면 다른 이와의 대화 속에서도 그 사람의 감정을 잘 이해하고 공감할 수 있을지도 모른다. 그래서 수능 국어의 목적은 공부를 위한 글에 대한 이해력을 높이고 대화 속에서 다른 이의 말을 잘 듣고 이해하고 공감하는 것이다.

수능 국어를 공부하는 이유 2

수능 국어를 공부하는 과정은 글을 이해하기 위해 단어를 공부하는
과정이다. 단어를 공부하다 보면 그 단어의 단순한 뜻보다 그 속에 있는
다양한 의미를 찾아보면서 더 깊은 내용으로 들어가게 된다. 그리고
그렇게 다양한 의미를 찾아 연구하다 보면 자기 자신에 대해서도 다른
의미를 찾게 된다.

수능 국어에서 유일하게 지식을 물어보는 것이 있다면 그건 바로 단어의 뜻이다. 실제로 단어의 뜻을 물어보기도 하고, 비슷한 단어를 찾게 하기도 하고, 문맥적 의미가 비슷한 문장을 고르게 하기도 한다. 그래서 문학이든 비문학이든 읽다가 이해가 되지 않으면 단어의 뜻부터 찾아보아야 한다.

단어를 공부하다 보면 단순히 단어의 뜻만을 익히기보다 그 뜻에서 조금 더 나아가 보는 게 좋다. 예를 들어 '법칙'이라는 단어를 공부한다고 하자. 그 뜻을 찾아보면 '반드시 지켜야만 하는 규범 혹은 모든 사물과 현상의 원인과 결과 사이에 내재하는 보편적, 필연적 불변의 관계'라고 나와 있다. 여기서 그치지 않고 좀 더 글을 찾아 읽어보면 법칙에는 조건이 있고 이 조건 내에서는 반드시 성립한다고 한다. 여기까지 오면 '아하! 법칙에는 조건이란 게 있구나'를 알게 되고 법칙에 숨겨진 조건들을 찾아보게 된다. 예를 들어 뉴턴의 법칙을 찾아보면 숨겨진 조건은 '중력이 있을 때'이다. 중력의 영향을 받는 경우 뉴턴의 3가지 법칙은 항상 성립한다는 것이다. 이렇게 공부해 놓으면 다음에 누군가가 '준우의 법칙'을 발표한다고 하자. 그러면 바로 뒤따라 오는 생각이 '그럼 조건은 뭐지?'를 생각하게 될 것이다.

공리라는 단어도 있다. 공리는 '수학이나 논리학 따위에서 증명이 없이 자명한 진리로 인정되며, 다른 명제를 증명하는 데 전제가 되는 원리'라는 뜻이다. 예를 들어 '삼각형의 세 내각의 합은 180이다'라는 명제의 공리, 즉 증명하지 않아도 되는 전제는 '그 삼각형은 평면에 그려져 있다'라는 것이다. 16세기에서 17세기를 넘어오면서 지구는 구인데 지구 위에 그린 삼각형은 모두 구 위에 그린 삼각형이고 '그런 구 위에 그려진 삼각형은 세 내각의 합이 180보다 크다' 같이 공리를 찾고 공리를 새롭게 보면서 기존의 상식을 깨는 과정을 통해 새로운 학문이 생겨난다. '이 지식의 공리는 뭐지?' 같은 질문으로 시작하는 공리에 대한 공부는 기존의 생각에서 새로운 시선을 찾는 방법이 될 수 있다.

'깨닫다'라는 단어가 있다. '깨닫다'라는 게 무슨 뜻이지? 들어본 단어라고 아는 척하지 말고 그 뜻을 찾아보면 한문으로 깨닫다는 뜻을 가진 한자는 깨달을 각(覺) 이다. 이 깨달을 각은 배울 학(學)의 옛 글자 처럼 본보기를(혹은 배워야 할 내용을) 두 손으로 꼭 잡아 보는 시각 을 다르게 갖는다는 뜻이다. 다시 말해 깨닫다는 말은 '공부해서 어떤 현상에 대해 다른 시각을 갖게 되었다'라는 뜻이다. 실제로 우리는 무언가에 대해 깨닫게 되면 같은 현상을 그 전과는 다르게 보게 된다.

수능 국어를 공부하는 과정은 글을 이해하기 위해 단어를 공부하는 과정이다. 단어를 공부하다 보면 그 단어의 단순한 뜻보다 그 속에 있는 다양한 의미를 찾아보면서 더 깊은 내용으로 들어가게 된다. 그리고 그렇게 다양한 의미를 찾아 연구하다 보면 자기 자신에 대해서도 다른 의미를 찾게 된다.

내 직업은 교사다. 교사는 뭘 하는 직업인가? '가르치는 일을 한다'고 말하면 나는 잘 가르치기 위해 노력할 것이다. 그러나 '본보기로 사람을 살리는 일을 한다'고 한다면 나는 나를 성장시키기 위해 공부를 할 것이고 그 공부를 나에게 적용해 나를 살리게 할 것이고 그 공부 내용을 행동할 것이고 그 과정으로 함께 있는 학생들에게 삶의 또 다른 한 가지 선택지로써 보이게 할 것이다. 다른 의미를 찾음으로써 단순히 가르치는 일을 하는 사람에게서 더욱 적극적으로 사람을 살리는 일을 하는 사람이 된 것이다. 이는 '가르친다'는 단어의 나만의 새로운 정의이다. 이렇게 공부를 계속함으로써 자신의 본질에 더욱 다가가게 된다.

단어에 관한 공부는 겉으로 보이는 내용이 아닌 속에 있는 본질을 찾을 수 있게 한다. 그리고 그 본질에 관한 연구는 세상에 대한 새로운 의미를 찾을 수 있게 한다. 이런 세상에 대한 새로운 의미는 나에 대한 새로운 의미가 된다. 단어공부는 내 삶의 의미를 찾게 하고 내가 세상에 존재할 방법을 찾게 하고 나아가 내가 세상에 이바지할 방법을 찾게 한다. 공부는 내용도 중요하지만 배우는 방법을 배우고 자신에게 적용하는 것이 더욱 중요하다. 이렇게 자신에게 적용해 볼 수 있는 공부는 헛되지 않는다.

수능 국어를 공부하는 이유 3

국어 문법 공부를 한다. 국어에는 9품사가 있다. 동사, 형용사, 명사, 대명사, 수사, 관형사, 부사, 조사 그리고 감탄사. 도대체 이런 건 왜 배우는 걸까?

명사는 세상에 존재하는 것들을 구분하는 역할을 한다. 쉽게 말해 명사는 이름이다. 이것은 사과, 이것은 배라고 이름을 붙이면 이 둘은 그때부터 구분된다. 영구치가 나기 전 아이들은 주변의 환경을 자신과 구별하지 못한다. 그래서 세상에 대한 이름이 실질적인 의미가 있는 것은 영구치가 날 때쯤 자신과 환경을 구별하면서부터다. 명사는 세상과 자신을, 그리고 세상의 것들을 서로 구별하기 위해 배운다. 내가 모르는 지식은 세상엔 존재하나 나에겐 존재하지 않는다. 명사는 세상에 있는 것을 나에게도 존재하게 해 준다.

형용사는 명사의 상태를 설명한다. 하늘이 예쁘다. 바다는 파랗다. 그리고 형용한 모습에 감정과 함께하면 나 자신이 그것이 된다. 나라는 것은 내가 집중한 그것이다. 내가 집중한 그것이 내가 된다. 내가 발가락이 간지러워 발가락을 긁으면 그 순간 나는 발가락이 되고 내가 화가 나서 화에 집중하면 그 순간 나는 화가 된다. 나를 정의할 때 나는 육체라고 정의하면 육체의 죽음은 나의 죽음이다. 나는 내가 사는 의미라고 정의하면 내가 사는 의미가 없어지면 육체는 존재하지만 나는 죽은 것이다. 내가 세상을 형용할 때 감탄을 하면 그 순간 나는 나 자신을 잊고 그것에만 집중하게 된다. 그 순간 나는 그것이 된 것이다.

형용사는 감탄과 함께 나와 그것을 이어준다. 영희의 그 모습에 슬퍼했다면 나는 슬픔이 된 것이다. 영희의 그 모습은 슬픔과 함께 내 안에 있게 된다. 형용사는 내 안에 그 명사가 그 상태로 존재하게 해 준다. 세상에 대해 감탄할 때, 누군가에 대해 감동할 때, 그 세상과 누군가는 그 형용한 상태로 나와 연결되어 내 안에 존재하게 된다. 명사는 세상을 구분하지만 형용사는 나와 세상을 연결해준다.

동사는 명사를 형용의 상태로 이어준다. 철수는 달려서 기뻤다. 철수와 철수의 기쁨을 달려가는 행동이 이어준 것이다. 동사는 명사의 움직임이다. 과거든 현재든 미래든 그 순간의 움직임이다. '철수는 하늘을 보았다. 하늘은 노을로 인해 붉게 물들었다. 철수는 그 붉은 색에 감동했다.' 철수는 하늘을 '봄'으로써 하늘의 붉은 상태와 연결된다.

수사는 숫자를 세는 것이다. '장미 일곱 송이'라고 말할 때 일곱은 수사다. 장미가 일곱 송이가 있다고 세려면 장미는 다른 존재와는 구분되며 같은 장미는 장미끼리 같은 종류라는 개념을 가지고 있어야 한다. 진달래와는 다른 장미가, 그들끼리는 장미라고 말할 수 있는 꽃들이 일곱 송이 있는 것이다. 수사는 다른 존재들과 다르면서 자기들끼리는 같은, 존재들을 묶어준다.

감탄사는 자신을 잊게 해 준다. 감탄하는 순간 우리가 내뱉는 말들은 주로 자음이 없는 모음이다. '아!', '우와!', '이야~' 근원적인 감정 상태를 나타내기 때문에 모(母, 어미 모)음이다. 여기에 음을 붙여 좀 더 구체적인 상태로 만들기 때문에 모음에 붙는 음을 자(子, 자식 자)음이라 한다. 자음은 모음보다 좀 더 구체적인 세상에 가깝다. 모음이 자음보다 좀 더 인간의 본질에 가깝다. 그런 모음으로 내는 감탄사는 구체적이지 않다. 그 순간 나를 잊고 그 상태에 몰입한 상태다. 감탄사는 나라는 개별성을 넘어, 보편성에 다가가게 한다. 나라는 경계를 넘어 세상과 연결해 준다.

조사는 조사가 붙는 존재를 특별하게 보게 한다. '철수가 밥을 먹었다. 철수는 밥을 먹었다. 철수만 밥을 먹었다'와 같이 조사를 달리 쓰면 철수는 각 문장에서 다르게 보인다. 조사는 조사가 붙는 존재를 평소와는 다른 상황의 존재로 만든다. 그 순간 그 존재를 평소와는 다르게 보게 한다. 그래서 조사는 그 존재를 동사와 형용사에 연결하면서 다르고 낯설게 보게 만든다. 조사는 대상을 보는 시선을 낯설고 다르고 특별하게 만들어주는 마법사다.

다시 형용사는 그것을 형용하는 나 자신을 보여준다. 철수는 키가 크다. 무엇에 비해? 내 기준에 비해 크다. 영희는 손이 작다. 무엇에 비해? 내가 가진 기준에 비해 작다. 길동은 잘 생겼다. 무엇에 비해? 내 기준에 비해 잘 생겼다. 형용하면 내 기준이 나타난다. 내가 가진 기준이 세상을 보는 기준이다. 그 세상을 보는 기준이 형용을 통해 나타난다.

세상엔 세 가지의 거울이 있다. 대상을 비춰주는 거울, 내가 만나는 사람이라는 거울, 그리고 나의 과거라는 거울이다. 유리 거울은 얼굴에 뭐가 묻었는지 보고 자신의 모습을 고치라는 거울이고, 내가 만나는 사람이라는 거울은 그 사람을 통해 자신의 모습을 보고 자신을 고치라는 거울이며, 나의 과거라는 거울은 같은 실수를 반복하지 않도록 과거 속에 반복하는 자신의 모습을 보고 현재의 자신의 상황을 다르게 보라는 거울이다. 그리고 이 거울들은 명사, 형용사, 동사 같은 품사를 통해 나타난다.

우리가 거울을 볼 땐, 거울을 고치기 위함이 아닌 거울을 통해 자신을 고치려는 것이다. 그리고 그 거울은 내가 쓰는 말에서 발견된다. 나의 말이 거울이다. 나는 어떤 말을 하는가? 나는 어떤 명사를 어떻게 형용하며 동사하는가? 우리는 제대로 나를 발견하고 설명하고 성장시키기 위해 문법을 배운다.

나는 어떤 말을 하는가? 나는 어떤 명사를 어떻게
형용하며 동사하는가? 우리는 제대로 나를 발견하고
설명하고 성장시키기 위해 문법을 배운다.

수능 수학을 공부하는 이유 1

수학은 문제 해결 능력을 키우는데 아주 탁월한 과목이다. 오랫동안 문제 해결을 위해 집중해서 결국 어떤 방법으로 해결했을 때의 그 쾌감이란!

그렇다면 수능 수학은 왜 배우는가? sin, cos 같은 건 배워 봐야 일상생활에 전혀 써먹지도 못하는데 수학은 도대체 왜 배워야 하나?

우리는 지금 강을 건너려고 한다. 배가 필요해서 배에 관해 배웠다. 배를 이용해 건너야 해서 배 타는 법을 배웠다. 배 타는 법을 배운 후 배에 올랐는데 배를 타고 강을 건너는 게 만만치 않다. 생각대로 나아가지도 않고 바람도 마음대로 불어주지 않는다. 이리저리 머리를 써 간신히 강을 건넜다. 그리고 앞에 보이는 건 산이다. 이젠 등산을 해야 한다. 그런데 강을 건너는데 썼던 배가 아깝다. 그래서 배를 짊어지고 가기로 했다.

고등학교에서 수학을 배운 후 사회에 나가서도 수학 그대로 써먹겠다는 것은 강을 건넌 후 배를 짊어지고 가겠다는 말과 같다. 아깝지만 배를 버리고 가기로 했다. 산을 조금 올라가는데 날씨가 안 좋아지기 시작했다. 그러나 그리 크게 걱정하진 않는다. 배를 타고 강을 건널 때도 힘들었지만 해냈지 않은가.

수학은 문제 해결 능력을 키우는데 아주 탁월한 과목이다. 오랫동안 문제 해결을 위해 집중해서 결국 어떤 방법으로 해결했을 때의 그 쾌감이란! 그러나 가만히 생각해 보니 문제 해결 과정이 너무 길고 조잡하다. 더 쉬운 방법을 찾아보자. 결국 이 문제를 푸는 방법은 3가지가 있고 마지막 방법이 가장 간단하고 시간도 적게 걸린다는 것을 발견했다. 해설서의 설명보다 훨씬 쉽다.

졸업해서 수학을 잊어버려도 이 해결 과정의 경험은 남아있다. 수학이라는 도구를 그때처럼 사용하진 않겠지만 문제 상황도 어찌어찌하면 해결할 수 있다는 자신감은 남아있다. 이 성취감을 바탕으로 한 번도 해 보지 않은 일에도 잘 적응할 수 있다.

순댓국집을 열었다. 자신만만하게 열었지만 생각만큼 장사가 잘 안 된다. 어찌하나. 꽤 많은 돈을 대출받아 시작해서 망하면 큰일인데. 내가 한 방법이 사람들에게 잘 안 먹히나 보다. 다른 방법을 찾아보자. 더 대중적이고 호불호가 없는 맛은 어떻게 만드는 것일까?

수학을 한 가지 방법으로 풀었을 때 수학적 사고력을 1이라고 한다면 세 가지 방법으로 풀어낸다면 수학적 사고력이 3이다. 수학이라는 도구는 문제를 다양한 방법으로 해결해서 수학적 사고력을 키워주는데 탁월하다. 졸업한 후 수학을 사용하지 않아도 이렇게 다양한 방법으로 해결해 본 경험은 사회에서 발생한 문제에 대해서도 도움을 줄 수 있다.

보통 수학을 푼다는 것을 수학 계산과 동일시하지만, 사실 수학을 푼다는 것은 문제 해결 과정을 설계하는 것이다. 수학을 단순히 공식을 외워(혹은 방법을 외워) 계산해서 답이 나오면 수학 문제를 푼 것이라 여기지만 그건 그냥 노동이다.

이런 활동은 그냥 앱 하나 깔아서 문제 사진 찍어주면 바로 계산해주는 3천 원짜리 앱 하나도 못 이긴다. 외국은 수학 시간에 계산기를 사용한다. 쓸데없는 계산을 하지 않아도 된다. 하지만 여전히 대한민국의 많은 학생은 문제 해결 과정의 설계보다는 단순한 계산과정과 적용을 무한히 반복하기 때문에 수학을 싫어한다.

수학은 도구다. 도구는 죄가 없다. 칼은 요리할 수도 사람을 찌를 수도 있다. 수학이라는 도구는 그 문제를 스스로 해결한 이에겐 문제 해결 능력의 향상과 엄청난 재미를 주는 굉장한 과목이지만 억지로 한 이에겐 노동으로 인한 피로감과 노동에서 벗어난 해방감만을 준다. 충분한 사고를 하지 않으면 그 일은 해야만 하는 일이다.

그러나 충분한 사고를 하면 그 일은 기꺼이 하게 되는 일이다. 스스로 해결한 뒤의 성취감은 큰 성공으로 가기 위한 여정 속의 선물이다. 큰 성공은 작은 성취감들을 쌓아가며 만든다. 수학 수업은 작은 성취감들이 쌓여가는, 큰 성공을 위한 작은 성공들의 여정이어야 한다.

수능 수학을 공부하는 이유 2

4, 9, 16, 25 이 수들의 공통점은? 맞다. 제곱수이다. 2, 3, 4, 5를 제곱하면 이 수들이 나온다. 그러면 그 다음에 나올 수도 알 수 있다. 맞다. 그 다음에 나올 수는 36이다. 이렇게 다른 것들 사이에 공통점을 찾는 능력을 수학적 사고력이라고 한다. 이렇게 다른 것들 사이에 공통점을 찾는 사고방법을 연습함으로써 현실 세계의 여러 현상 사이에서 공통점을 찾아 그 현상들을 아우르는 법칙까지도 찾아낼 수 있다. 그리고 그 법칙을 바탕으로 앞으로 벌어질 일을 예측해 볼 수도 있다.

처음부터 법칙을 찾거나 미래를 예측해 볼 수는 없으므로 우리는 쉬운 수를 이용해 이 사고방법을 연습한다. 2, 4, 6, 8 다음에 올 수는? 10? 2일 수도 있다. 규칙이 2, 4, 6, 8이 계속 반복되는 규칙일 수도 있기 때문이다. 12일 수도 있다. 12, 14, 16, 18, 22, 24, 26, 28 이렇게 진행될 수도 있다.

10, 2, 12 이렇게 예측해 보는 것을 가설이라고 한다. 이렇게 되지 않을까 예측해 보고 좀 더 조사해보면서 가설이 맞음을 확인해본다. 이렇게 여러 가설이 나오는 이유는 조사를 덜 했기 때문이다. 조사를 더 해 보면 많은 가설 중에 아닌 가설들이 제외되고 조사한 모든 것을 만족하는 규칙을 찾게 된다.

이렇게 가설을 설정하고 그 가설이 맞음을 조사해가는 과정을 개연적 추론이라고 한다. '이건 수학 문제를 풀 때 답이 1번이 아닐까. 규칙이 이렇게 될 것 같은데……'와 같이 결과가 이러지 않을까를 예측해 보는 사고 과정이다. 학교에선 수학 문제를 풀 땐 이렇게 풀지 말라고 배우지만 실제로는 수학에서나 과학에서나 무엇을 발견할 때 개연적 추론은 무엇보다 중요한 사고방식이다.

학생들에게 수학 문제를 주면 무턱대고 연필부터 대고 쓰기 시작하는 경우가 많다. 한참을 그러다가 시간이 좀 지나서야 '아, 이걸 구하는 거였네' 하면서 다시 시작한다. 문제를 해결할 때 목적을 제대로 보지 않고 시작하면 엉뚱한 과정을 반복하게 된다. 하지만 문제를 해결하려고 할 때 목적을 먼저 확인하고 방향을 잡으면 시간을 많이 아끼게 된다. 이렇게 대강의 목적과 결과를 먼저 확인하는 과정이 개연적 추론이다.

수학에서 중요한 것은 정확함이라고 아는 사람이 많다. 맞다. 정확해야 한다. 모든 경우 그렇게 된다고 정확하게 증명해야 한다. 그러나 때로는 정확함보다 대충 여기 범위 안에 있다는 개연적 추론이 더 중요하다. 개연적 추론은 시간을 아껴주기 때문이다.

이렇게 수학을 공부하는 이유는 다른 수들 사이에 공통점을 찾아 규칙을 찾는 수학적 사고력을 키우기 위함이다. 그리고 다른 과목이나 현실에서도 여러 현상 사이의 공통점을 이용해 법칙을 찾고 앞으로의 일에 적용해 어느 정도 범위 내에서 나올 결과를 빠르게 예측해 보는 개연적 추론을 배울 수 있기 때문이다.

수학은 계산해서 답만 내는 과정이 아니다. 문제를 해결하는 방향과 과정을 설계하는 과목이다. 답을 내는 것보다 더 중요한 과정이 해결하는 방법을 생각해내는 과정이다. 수학을 배우면서 문제를 해결하는 과정을 설계하는 방법을 익히지 못했다면 그건 수학을 공부한 것이 아니다. 어떤 과목을 배운다는 것은 그 과목처럼 생각하는 방법을 배우는 것이기 때문이다.

우리의 삶도 수학처럼 생각해 보면 수학 문제를 풀 때와 마찬가지로 목적을 보고 대강 이런 방향으로 풀면 되겠다는 생각을 먼저 해야 엉뚱한 과정을 되풀이하지 않는다. 삶의 목적은 무엇일까? 우리의 삶의 방향은 어디로 향해야 하는 걸까? 정확하게 알 수 없으니 개연적으로 추론해 보자.

사는 동안 보니 세상은 너무 제각각으로 움직인다. 사람들은 제멋대로 산다. 너무나 어지럽고 복잡하다. 갈피를 잡을 수가 없다. 친구는 매일 제멋대로 기분대로 사는 것 같았는데 계속 봤더니 어떤 규칙이 있었다. 배가 고프면 기분대로 행동했고 배가 차면 얌전해졌다. 아하! 친구의 규칙을 찾아냈다. 절대 친구는 제멋대로 기분대로 사는 예측이 안 되는 친구가 아니었다. 더는 친구의 화와 짜증에 대응하지 않아도 됐다. 밥 먹으러 가면 된다. 이렇게 쉽사리 변하는 현상에 세세하게 대응하기보다 그 현상 뒤에 있는 규칙을 보려고 노력한다. 결국 그 규칙을 보게 되면 나의 시선은 단순해진다. 나의 시선이 단순해졌다는 것은 나의 의식이 성장했음을 의미한다.

의식이 상승하면 예전엔 보이지 않았던 것들이 보이기 시작한다. 그리고 그전에 복잡했던 일들이 단순해진다. 의미 있던 일이 의미가 없어지고 의미가 없던 일의 의미가 생긴다. 화를 내는 것은 무조건 나쁜 일이라고 생각했는데 아이가 위험할 때 내는 엄마의 화는 꼭 필요했다. 짜증은 무조건 안 좋은 것으로 생각했는데 어떤 이에게 짜증은 자신이 지금 불안하다는 증거였다. 엄마의 화는 아이에겐 고마움이었고 어떤 이의 짜증은 짜증에 대응하지 않고 불안함을 알아주니 없어졌다.

의식이 상승하면 그보다 더 높은 법칙이 보인다. 그러면 우리는 또 그 법칙을 따른다. 그러면 세상은 더욱 단순해진다. 그러면 의식은 더 높이 상승한다. 점점 더 안 보이던 것들이 보이고 삶을 보는 시선이 더욱 단순해진다.

그렇게 제각각이던 세상이 일정한 법칙에 따라 움직이고 있고 그렇게 제멋대로 사는 것처럼 보이던 사람들 또한 어느 정도 스스로의 규칙에 따라 움직이고 있음이 보인다. 안 보이던 법칙과 규칙이 보이고 그 속에 내가 해야 할 일이 보이고 그 해야 할 일을 하면서 의식이 상승한다. 이렇게 의식이 상승하는 것을 '성장한다'고 한다. 성장하면서 세상을 제대로 보고 내가 할 일을 찾아 나가게 된다. 이렇게 삶의 목적은 '성장'하는 것이다. 이렇게 추론해 보는 과정이 개연적 추론이다. 이렇게 수학처럼 생각하는 방법을 배우고 삶에 적용해 보는 것이 수학을 배우는 이유이다.

우리의 삶도 수학처럼 생각해 보면 목적을 보고 대강 이런 방향으로 풀면 되겠다는 생각을 먼저 해야 엉뚱한 과정을 되풀이하지 않는다.

수능 수학을 공부하는 이유 3

나는 찾는 것이 아니라 집중해서 만드는 것이다. 이렇게 집중해서
힘들게 내가 원하는 것에 집중하도록 도와주는 과목이 의외로 수학이다.

책을 읽는다. 읽기 시작한 지 5분도 지나지 않아 다른 생각이 떠오른다. 한참을 그 생각에 빠진 후에야 다시 책을 읽는다. 책 내용이 재미가 없어서 그런가. 좀 더 집중해 보려고 한다. 그러나 여전히 읽기와 생각을 번갈아 한다.

국어 모의고사를 본다. 시험을 시작한 지 15분쯤 지나면서 잘 읽히지 않는다. 다른 생각이 난다. 점점 읽는 속도가 느려지고 내용이 머리에 들어오지 않는다. 읽었는데 내용이 기억이 나지 않는다. 같은 구절을 두어 번씩 계속 읽고 있다. 피곤해서 그런가? 조금 쉬었다가 다시 읽으니 조금 낫다. 하지만 곧 다시 집중이 안 된다.

이번에 새로 할 일을 구상해야 한다. 어디 보자. 이걸 이렇게 해 볼까? 저렇게 해 볼까? 이리저리 구상 중에 문득 다른 일이 떠오른다. 낮에 선희가 밥 먹자고 한 게 언제더라? 휴대전화기를 연다. 날짜를 확인하려다 보니 카카오톡이 와 있고 내용을 확인해보다가 '아, 맞다. 구상 중이었지' 하면서 휴대전화를 덮고 다시 구상하려고 했더니 이미 30분이 지나있었다.

생각이란 건 놔두면 금세 다른 생각을 하게 된다. 노력하지 않으면 생각은 흩어지고 다른 생각들이 들어온다. 이건 마치 배고프면 밥 먹고, 사고 싶으면 사고, 화가 나면 화를 내는 것처럼 자연스러운 일이다. 그리고 이렇게 배고프면 밥 먹고, 사고 싶으면 사고, 화가 나면 화를 내고 생각이 흩어져 다른 생각을 하는 건 배고프지만 안 먹고, 사고 싶지만 안 사고, 화가 나도 화를 안 내고 생각을 한군데로 집중하기보다 쉽다. 안 먹고 안 사고 화를 안 내고 생각을 집중하는 건 어렵다.

하지만 먹고 싶은 게 생기는 경우나 사고 싶은 게 생기는 경우를 생각해 보라. 언제 그런 느낌이 드는가? 내가 선택해서 그런 느낌이 드는가? 아니다. 우연히 그런 느낌이 들어온다. 지나가다 치킨 냄새를 맡거나 스마트폰에서 맛있어 보이는 떡볶이를 보거나 친구가 어제 먹은 김치찌개가 맛났다는 얘길 들을 때 치킨이나 떡볶이나 김치찌개가 먹고 싶어진다. 자연스럽게 선택되는 배고플 때 밥 먹기, 사고 싶을 때 사기, 화나면 화내기 등은 외부에서 우연으로 발생하는 자극 때문에 생긴다. 그리고 그때의 밥 먹기, 사기, 화내기 등은 우연으로 만난 자극에 대한 반응일 뿐, 내 생각이 아니다.

내가 집중할 때 집중이 안 되고 갑자기 치고 들어오는 다른 생각들 역시 내가 선택하지 않은 우연적인 생각들이다. 내가 선택하지 않은 생각들이 나를 가득 채운다. 우연적이고 내가 선택하지도 않은 생각이 과연 나의 생각일까? 그 우연적이고 내가 선택하지 않은 생각이 내 생각이라고 하면 나는 앞으로도 내가 어떤 우연적인 자극 때문에 우연적인 선택을 할지 어떤 생각을 할지 모르는 즉흥적이고 우연적인 사람이란 뜻이다.

나라는 것은 우연적이지 않은, 즉흥적이지 않은, 나의 선택에서부터 시작된다. 배고플 때 안 먹고 내가 먹기로 계획한 시간에 먹기, 사고 싶어도 안 사고 필요한 것만 사기, 화가 나도 달리 생각해 보기 같이 내가 원하는 감정과 행동에 집중할 때 나라는 것이 만들어진다. 나는 찾는 것이 아니라 집중해서 만드는 것이다. 이렇게 집중해서 힘들게 내가 원하는 것에 집중하도록 도와주는 과목이 의외로 수학이다.

수학은 생각을 한군데 붙잡아 두는데 탁월한 과목이다. 한 문제를 10분, 한 시간, 일주일을 잡고 있을 수 있다. 시간 가는 줄 모르고 그 문제에 몰두할 수 있다. 어떻게 풀지? 이렇게 풀까? 요렇게 해 볼까? 이 방법보다 더 쉬운 방법이 있을까? 이렇게 오랜 시간 수학으로 생각을 한 곳에 집중하는 연습을 하면 나중에 수학을 하지 않아도 생각을 한 곳에 집중하기 쉬워진다. 예로부터 수학이 필요 없는 곳에서도 수학을 잘하는 사람을 쓰려는 이유는 그 사람의 수학 실력을 이용하겠다는 말이 아니라 집중을 잘하는 사람을 쓰겠다는 말이다.

이렇게 수학으로 익숙해진 집중하는 힘은 내가 원할 때 먹기, 내가 필요한 것만 사기, 내가 원하는 감정 선택하기 같은 내가 원하는 나를 만드는 과정에 아주 큰 힘이 된다. 이는 뒤에 이어질 육편에서 더 자세히 알게 될 것이다.

나의 교(教)

나는 중고등학교 때 성적이 좋았다. 전액 장학금도 타고 성적 우수 상장은 집에 온통 가득했다. 하지만 딱 그것만 할 줄 알지 다른 건 거의 할 줄 몰랐다. 그리고 성적이 좋은 건 사회에 나온 뒤 나에겐 실질적으로 아무런 쓸모가 없었다.

나는 대화를 잘 못했다. 언제 내 얘기를 하고 언제 다른 이의 얘길 들어야 할지 몰랐다. 다행히 웃는 상이긴 했지만 그 덕에 남들은 내가 조금만 웃지 않고 있으면 화났냐며 불편해했다. 지나치게 솔직했달까. 군 생활은 최악이었다. 웃을 수가 없으니 무표정이었는데 나의 무표정은 사람을 정떨어지게 했다. 사회에 나가면 그렇게 살지 말란 얘길 들으며 제대를 했다.

연애도 잘 못했다. 첫 연애가 29살 때였다. 사실 연애를 잘 해 보려 했는데 안 된 게 아니라 이상하게 이성한테 관심이 별로 안 갔다. 어찌어찌 연애를 이어갔지만 딱히 행복하단 느낌은 없었고 데이트를 하고 집에 오면 엄청 피곤했다.

나는 다른 이와의 소통을 힘들어했다. 34살이 되어 내 학원을 차려 독립해서 학원생들 말고 다른 사회 사람들과 자주 만나게 되면서 이 사실을 알게 되었다. 내 생각이 고귀한 줄 알았고 자꾸 조언하곤 했다. 그동안 이런 나를 내 학원 안의 사람들이 많이 참아주며 대화했다는 것을 알고 많이 괴로웠다.

그래서 대화하는 법을 배웠다. 더는 내 주변 사람들에게 피해줄 순 없었다. 내 주변에 말을 잘 듣는 사람을 흉내냈다. 어떻게 행동하고 어떻게 말을 하고 어떻게 질문하는지 보았다. 책도 보고 대화하는 법을 배우러 다녔다. 그래서 배운 것이 NLP(생각과 말과 행동을 활용해서 원하는 것을 실현하는 방법)였다. 그래도 사람 운이 있었는지 나를 가르쳐 준 NLP 신용협 코치는 나에게 아주 잘 맞는 사람이었다. 그렇게 2년 동안 말하는 법, 듣는 법, 다른 사람을 보는 법을 배우고 익히며 다른 사람과 함께 있는 법을 배웠다.

연애하는 법도 배웠다. 사랑의 5가지 언어라는 과정을 익히고 자격증을 따고 세바시 인증 강사가 되었다. 이 과정을 여기저기에 강의하러 다녔다. NLP와 사랑의 5가지 언어가 섞여 나만의 방법이 생겼다. 점점 이상하게 나한테는 이런저런 일도 털어놓게 된단 얘기를 듣기 시작했다.

명상하는 법도 배웠다. 이 세상을 이렇게 살아가라는 많은 책을 읽었지만 책을 읽으며 든 생각은 '이 사람들은 이런 지식을 어떻게 알았을까'였다. 이런 26살 무렵, 알게 된 사람이 내 첫 번째 스승인 김영선 님이었다. 그렇다고 그가 딱히 나를 데리고 다니면서 가르쳐준 건 아니었다. 그저 같은 학원에서 근무하다 보니 원장인 그가 하는 행동이나 말을 주워들은 것뿐이었다. 하지만 그의 행동과 말은 내게 엄청난 영향을 주었다. 그에게 얼핏 들은 명상하는 법을 처음 내게 적용해 보았을 때 그 느낌은 정말 엄청났다. 그의 말과 행동, 그리고 명상할 때의 그 느낌은 나를 바꿔놓기에 아주 멋졌고 이 사실을 그에게 말했을 때 그는 "그게 너의 첫 시작이다"라는 멋진 말로 나를 계속 이 길로 가게 해주었다. 그는 '스승은 자기 생각을 직접 살아내는 사람이다'라는 걸 존재로 보여준 첫 사람이었다. 스승은 자신의 삶을 살아가는 것만으로도 주변을 바꿀 수 있다는 걸 보여준 첫 사람이었다. 이렇게 이 세상을 이렇게 살아가라는 방법을 찾는 법을, 명상하는 법을 그를 통해 배웠다.

어려운 문제를 풀고 어려운 문장을 쉽게 풀어내며 힘든 동작을 쉽게 해낸다는 건 참 멋진 일이다. 그러나 시간이 좀 지나서 보니 내가 가진 무기는 무언가를 잘 하는 게 아니었다. 무언가를 잘 못하는 게 내 무기였다. 내가 무언가를 잘 못한다고 알게 된 것이 내 무기였다. 그걸 극복하려고 이리저리 발버둥 친 것이 내 무기였다. 그걸 극복한 후 너무나 편안해짐이 내 무기였다. 무언가를 못한다는 건 세상이 내게 주는 신호였다. 지금의 나에겐 무언가를 못하는 사람에게서 보물들이 보인다. 그가 그 무언가를 극복했을 때의 세상은 얼마나 아름다워 보일까.

어느 날부터 명상이 잘 진행되지 않았다. 같은 느낌이 계속되었고 지루해졌고 방향을 잃어버렸다. 어떻게든 극복해보려고 책도 보고 영상도 보고 명상센터도 기웃기웃했다. 그러다가 슈타이너(Steiner)를 알게 되었다. 그가 쓴 책 중 우리나라에 번역된 모든 책을 읽었다. 책이 어려웠다. 24권 정도 읽다 보니 어느덧 그 내용이 이런 얘기였다는 것을 알게 되면서 길을 잃었던 내 명상에 방향이 생겼다. 구르지예프(Gurdjieff)가 말한 것처럼 기가 막힌 타이밍에 또 다른 스승이 생겼다. 지금은 이 두 사람이 내 등대다.

수능 국어를 안내하면서 대화하는 법이 늘었다. 내 기준이 아니라 상대방의 기준으로 이해해야 한다는 것을 알았다. 단어를 깊이 공부하는 법을 알았다. 문법이 무슨 얘기를 하는지 알았다. 다른 이의 감정에 조금은 공감하게 되었다.

수능 수학을 안내하면서 여러 가지 방법으로 문제를 해결하는 법을 알았다. 오랫동안 집중하는 법을 익혔다. 다른 것들이라 여겨지는 것들 사이에 공통점을 찾아 법칙으로 보는 법을 배웠다. 그래서 세상을 보는 눈이 단순해졌다. 난 아직도 성장 중이다. 삶의 목적은 의식의 '성장'이다. 난 이번 삶에 무엇을 해야 하는지 안다. 공부는 나를 더 나은 사람으로 만든다.

그러나 난 여전히 겁이 많다. 남 앞에 서면 심장이 벌렁거린다. 익숙해져서 겁이 안 나게 되었을 뿐이다. 다한증이라 손발에 땀도 한바닥이다. 그래서 오히려 남 앞에서 강의를 멋지게 해냈을 때 쾌감은 아주 크다.

이번 나의 삶은 아주 재밌다. 내가 읽은 그 많은 문장의 내용을 직접 내 속에서 보아야 한다. 즐거울 것이다. 김영선 님이 내게 보여주었듯이, 슈타이너가 이해할 수 있도록 글로 남겨주었듯이, 구르지예프가 깨어나라고 했듯이, 나의 삶도 누군가에겐 힘이 될지도 모른다. 열심히 살아보련다. 이것이 나의 교(敎)다.

무언가를 잘 못하는 게 내 무기였다. 내가 무언가를 잘 못한다고 알게 된 것이 내 무기였다. 그걸 극복하려고 이리저리 발버둥 친 것이 내 무기였다. 그걸 극복한 후 너무나 편안해짐이 내 무기였다. 무언가를 못한다는 건 세상이 내게 주는 신호였다.

기른다는 것은 시간을 들여 그 스스로가 될 수 있도록
기다리는 과정이다

정신의 먹이는 경외심이다. 경외심만이 정신을 키운다. 아름답다고,
멋지다고, 하고 싶다고, 하지만 과연 내가 저걸 할 수 있을까 같은 약간의
두려움이 함께 할 때, 그래서 그걸 해냈을 때의 느낌을 기대하기 시작할
때, 마음이 열리고 정신은 큰다.

이번엔 육(育)을 할 때다. 육을 한다는 것은 키운다, 기른다는 말이다. 키우거나 기른다는 말은 대상에 따라 방법이 다르다. 작은 동물을 크게 키우는 과정은 먹이를 외부에서 주고 그 먹이를 흡수하게 한다. 그 동물에 맞게 관심을 주고 때에 맞춰 먹이를 주고 함께하면 잘 큰다. 인간도 크게 다르진 않다.

하지만 육체가 아닌 정신을 기를 땐 방법이 다르다. 영어로 Education은 속에 있는 것을 끄집어낸다는 뜻이다. 정신은 밖에서 먹이를 넣어서 그 먹이대로 크는 게 아니다. 같은 먹이를 줘도 다른 결과가 나온다. 속에 든 것이 사람마다 다르기 때문이다. 속에 든 것과 비슷한 것을 줘야 그 속에 든 것이 나오는데 속에 뭐가 들었는지 본인도 잘 모르기 때문에 교육자는 여러 가지로 시도해 보아야 한다.

정신의 먹이는 경외심이다. 경외심만이 정신을 키운다. 아름답다고, 멋지다고, 하고 싶다고, 하지만 과연 내가 저걸 할 수 있을까 같은 약간의 두려움이 함께 할 때, 그래서 그걸 해냈을 때의 느낌을 기대하기 시작할 때, 마음이 열리고 정신이 큰다. 경외감을 느낀 대상한테는 마음을 연다. 그때 본인의 것이 나온다. 본인이 경외감을 느낀 대상이 사실 내 안에 있던 것이다. 그 대상이 사실 바로 '나'다.

육이란 단어는 厶(사사 사)와 月(달 월)로 이루어진 단어다. 厶는 나라는 뜻이다. 가장 개인적이란 뜻이다. 공과 사는 구분해야 한다고 할 때 사가 이 厶(원래는 私 이 글자를 쓰는데 厶

자는 私자로 모양이 변하기 전 글자이다)다. 育은 여러 뜻이 있는데 여기서는 세월이란 뜻이다. 즉, 시간을 들여서 스스로가 될 수 있도록 기다리는 과정이 기를 育이다. 시간을 들여서 교육자가 원하는 내가 아닌 스스로가 원하는 내가 되도록 노력하는 과정이다. 속에 들어 있는 나를 끄집어내는 과정이다.

정신이 변하기 위해서는 감정이 필수적이다. 감정이 느껴지지 않는 지식은 정신을 변화시킬 수 없다. 감정이 느껴지지 않는 과정은 나를 스쳐 지나갈 뿐이다. 나를 변화시키기 위해선 내가 무언가를 느껴야 한다. 주로 그 감정들은 기쁨, 환희, 성취감, 감동, 감탄, 즐거움 등이다. 이 감정들을 위해 답답함, 지루함, 반복됨, 화남, 짜증 같은 감정도 필요하다.

교육은 즐거워야만 한다고 한다면 그 교육은 즐거움을 가장한 쇼다. 즐겁기만 해서는 정신에 정말 필요한 감정을 얻기 힘들다. 답답하고 지루하고 반복해야 하고 짜증 나는 일을 어떻게 받아들이는가가 더 중요한 과정일 수 있다. 이 감정들을 느낀 후에야 오는 감동, 감탄, 기쁨, 환희 같은 감정이 비로소 가치가 있기 때문이다.

그래서 교육자는 지식만을 전달해선 안 된다. 학습자가 아무것도 느껴지지 않는 과정으로 지식만을 전달해선 안 된다. 교육자는 지식이라는 도구를 통해 자신을 전달해야 한다. 자신을 학습자가 느끼도록 해야 한다. 그래서 학습자가 교육자를 느끼면서 동시에 자신을 느낄 수 있게 해야 한다. 요즘은 오히려 수업 과정에서 자신을 배제해야 한다고 알고 있는 사람들이 많다. 과학이란 것은 모든 사람에게 적용할 수 있어야 하고 그러기에 나의 의견과 느낌은 배제해야 한다고 한다.

그래서 모든 강의장에서 누가 듣든 간에 같은 얘기를 한다. 이런 과정에 제일 먼저 강의자 스스로가 텅 비게 되고 그 텅 빈 강의를 듣는 학습자도 텅 비게 된다. 학생의 변화를 끌어내려면 자신이 가르치려는 내용을 강연자 스스로 적용해 본 경험과 느낌을 전달하고 그 과정에서 학생의 속에 있는 '나'를 끌어내야 한다.

요즘 사람들은 개인성이 너무 약하다. 자신만의 이야기가 없다. 자신의 이야기가 없으니 지식만을 전달한다. 그래서 학생도 자신만의 이야기가 없게 된다. 가장 '나'다운 것이 가장 큰 무기이며 삶의 유일한 목적이다. 제대로 된 '나'를 만들기 위해 제대로 키워야 한다.

능동적인 사고는 나를 내가 원하는 '나'답게
만들어주는 유일한 과정이다

인간은 바라보기만 하는 존재가 아니다. 스스로의 방법으로 생각을
생산할 때, 적극적으로 자신에게 적용할 때, 그렇게 능동적으로 사고할
때라야 비로소 인간이다. 이 능동적인 사고는 나를 좀 더 '나'답게
만들어주는 유일한 과정이다.

생각해 보면 내가 변한 삶의 순간들이 있다. 첫 번째는 나에겐 기억이 안 나지만 엄마들은 다 알고 있는 5~7살 사이의 영구치가 나올 때다. 내가 전생에서 가져온 경험치를 이용하고 환경과 단절되는 느낌이 들게 되면서 그 전과는 다른 사람이 된다. 갑자기 그 전과는 다른 인격인 것처럼 다르게 행동해서 부모를 당황시킨다.

다시 7년이 지나 사춘기가 되면 또 달라진다. 난 말수가 적어지고 신경질적이고 자주 욱하고 부모님께 함부로 했다. 친구들이 중요해지고 비밀들이 생겨났다. 몸은 충분히 성장했지만 정신의 발달이 이제 시작이라 균형이 맞지 않아 벌어지는 일이었지만 당시엔 이런 것들은 모르고 그 순간에 느낀 내 감정이 세상 무엇보다 중요했다.

감정과 행동을 구분하지 못해 몸이 먼저 움직여 내 어머니는 내 방에 샌드백을 설치해주셨다. 이 상황은 정신이 점차 발달하면서 줄어들었다. 다시 7년이 지나 20대 초반이 되면 또 한 번 변했다. 줄어들었던 말이 다시 많아졌고 사람들을 대하는 법을 배워갔으며 세상에 관심이 생겼다. 더 즐거워졌다.

26살이 되었을 때 아주 운이 좋게도 스승을 만났다. 이 스승 덕에 명상을 배우며 크게 변했다. 명상하며 육체의 느낌을 의도적으로 줄여가며 하는 능동적인 사고 활동이 뭔지 알게 되었다. 그전에는 몸도 마르고 약했고 자주 아팠는데 몸집도 제법 커지고 안 아프게 되었고 정신적으로 건강해졌다.

34살 때 학원을 차리고 독립을 했다. 36살이 되었을 때 NLP를 배우며 사람을 대하는 제대로 된 방식을 배웠다. 진정으로 주변인들을 위하는 방법을 익혔다. 42살 때 사랑의 5가지 언어를 배웠다. 그전까진 이런 지식이나 과정엔 관심이 없었다. 하지만 연인과 힘듦을 겪은 후의 나는 달랐다. 이 사랑의 5가지 언어를 배울 때는 내 삶의 꽤 큰 전환점이 되었다. 44살 때 슈타이너 책을 읽었다. 나에게 맞는 명상법을 익혔다. 나에게 필요한 지식을 익혔다. 슈타이너 책을 읽는 것이 좋았다. 읽는 내내 즐거워 읽고 또 읽고 나에게 적용했다.

　생각해 보면 그 나이 전에는 죽었다 깨어나도 모르는 게 있다. 그 나이가 되어서야 비로소 알 수 있는 것이 있다. 이것이 나이 듦이다. 이것이 나이 듦의 이유다. 나이가 들어야 비로소 내가 되어간다. 누구나 이런 자신만의 과정이 있을 것이다.

　지식을 습득하는 능력은 18세 정도면 완전히 발달한다. 하지만 이 지식을 습득하는 능력은 반복하면 기껏해야 지식을 좀 더 잘 습득할 수 있지 자신의 질적인 성장에 도움을 주진 않는다. 오히려 세상을 지식으로 판단하는 이런 과정에 익숙해진 사람은 세상을 비판적으로 보게 되는데 세상을 비판적으로 보는 태도는 세상을 좀 더 잘 살게 도와주지만 자신의 성장을 도와주진 않는다. 자신의 성장은 경외감을 통해서 이루어질 뿐이다. 그래서, 누군가의 수십 년의 경험을 지적으로 지적하는 고등학생은 똑똑하지만 성장할 수는 없다. 지식은 내가 그 지식을 살아낼 때까진 그냥 지식일 뿐이다.

　20대까지는 아무런 준비를 하지 않아도 누구나 자신만의 방식으로 변한다. 그러나 30대까지 노력하고 준비하지 않으면 30대부터는 이후에 와야 할 변화는 저절로 생겨나지 않는다. 그 변화의 준비는 바로 능동적인 사고다. 많은 이들이 외부의 자극에 반응하는 것을 생각이라고 착각한다. 그런 수동적인 반응을 생각이라고 하고 정작 필요한 능동적인 생각을 할 때는 힘들어한다.

　종일 주변의 자극에 반응만을 하고 사는 사람을 구르지예프는 기계라고 불렀다. 온종일 수업만 듣거나 동영상 강의 시청만 하는 프로 구경꾼 고등학생이나 여기저기 강연을 들으러 다니지만 자신에게는 전혀 적용하는 않는 지식 수집가나 드라마나 영화를 좋아하지만 딱 거기에만 머무는 외부의 자극에 의해서만 연명하는 사람들이다. 모두 내적인 활동은 내려놓고 정신은 쉽게 두고 외부를 구경한다. 외부를 소비하지 내부에서 생산하지 않는다. 자신을 완전히 수동적으로 만든다.

　인간은 바라보기만 하는 존재가 아니다. 스스로의 방법으로 생각을 생산할 때, 적극적으로 자신에게 적용할 때, 그렇게 능동적으로 사고할 때라야 비로소 인간이다. 이 능동적인 사고는 나를 좀 더 '나'답게 만들어주는 유일한 과정이다. 사실 내가 스스로 내 방식으로 해낼 때가 제일 재밌지 않은가! 이 능동적인 사고를 도와주는 최적의 행동이 바로 독서와 명상이다.

독서의 목적은 지식의 획득이나 재미만을 얻기 위함이 아니다

이렇게 책을 읽는 이유는 나에게 무언가를 집어넣기 위함이 아닌 이렇게 멈추기 위해서일지도 모른다. 어떠한 깨달음에, 어떠한 감정에, 어떠한 지식에 카프카가 말한 것처럼 도끼처럼 한 대 얻어맞았을 때 우리는 그곳에 다다른다.

"요즘 누가 책을 읽냐? 유튜브 보지. 그게 더 빠르고 내게 필요한 지식을 금방 얻어."

당신은 책을 왜 읽는가? 아니면 왜 읽지 않는가? 대부분 '모르는데 알아야 하는 지식을 얻거나, 사는 데 도움이 되는 방법을 찾거나, 내가 공감되는 말을 듣고 싶거나, 이야기가 정말 재밌어서'와 같은 목적을 가지고 독서를 한다. 하지만 정말 독서의 목적이 이것뿐이라면 정말 책 읽기보다는 유튜브 보는 것이 더 도움이 될 것이다.

혹시 이런 경험 있는가? 내가 어떤 책 한 권을 읽은 후 그 책에 대한 리뷰를 유튜브에서 본적 말이다. 지식에 관한 책은 대부분 내가 그 책을 통해 알게 된 내용과 유튜브에서 들은 내용이 거의 비슷한데 중요하다는 포인트가 나오는 뭔가 다르다. 난 이 문장에서 이렇게 느꼈는데 저 사람은 저렇게 느끼는구나. 이 문장이 저런 얘기였다고! 아니 이걸 저렇게 해석한다고!

유튜브에서 보는 그 책의 리뷰를 보면 그 사람의 관점을 얻는다. 그 사람의 다른 책 리뷰를 두어 편 보다 보면 서서히 그 책이 보이지 않고 그 사람이 보일 것이다. 그 사람의 세계를 보는 방식이 보일 것이다. 그렇다. 여기에 독서의 목적이 있다.

우리는 독서를 수동적으로 하지 않는다. 그 무엇보다 적극적인 정신 활동을 통해 능동적인 독서를 한다. 그 능동적인 독서를 통해 내가 모르던 지식을 알고 세상을 나에게서 발견하고, 내가 모르던 방법을 익히고, 외롭던 나의 마음이 사실 세상에도 널리 있음을 알고, 나를 잊을 정도로 재밌는 이야기를 알게 된다. 그렇게 나를 만들어가는 것이다. 독서의 목적은 나를 만들어가는 것이다.

그래서 독서를 한 후에는 그 책을 읽은 이와 대화를 나눠야 한다. 어떤 이의 책에 대한 의견을 주로 듣는 과정이 아니라 서로서로 이 책을 읽은 주인공이 되어 자신의 이야기를 해야 한다. 그래서 나와 다른 이가 서로 다름을 알아가며 나를 만들어간다. 이게 독서다.

책을 읽으면서 감탄할 때가 있다. 감동할 때가 있다. 감사할 때가 있다. 그럴 때마다 우리는 책 읽기를 멈춘다. 그리고 한참 그 감정에 젖는다. 그 순간은 너무나 감사하다. 어쩌면 우리가 이렇게 책을 읽는 이유는 나에게 무언가를 집어넣기 위함이 아닌 이렇게 멈추기 위해서일지도 모른다. 어떠한 깨달음에, 어떠한 감정에, 어떠한 지식에 카프카가 말한 것처럼 도끼처럼 한 대 얻어맞았을 때 우리는 그곳에 다다른다.

어떤 하나를 알게 됐을 때 우리는 그 하나의 개념을 알았다고 한다. 진달래꽃을 알아볼 수 있으면 우리는 진달래꽃의 개념을 알게 됐다고 한다. 개인이 하나의 인간인 것처럼 개념은 어떤 하나에 관한 생각이다. 그러면 눈을 감고 진달래꽃을 그려보라. 그때 그려지는 진달래꽃의 모습을 그 진달래꽃의 형상이라고 한다. 그 형상을 계속 붙잡고 있으면 다른 그림 내지는 이야기로 전환되는데 이 그림과 이야기를 관념이라고 한다.

그리고 그 형상을 계속 붙잡고 있는 과정을 관조라고 한다. 자연스럽게 관조를 하게 될 때, 감탄과 감동과 감사를 하며 자연스레 책에서 눈을 떼고 가만히 내 속에서 그 감정을, 그 상황을, 그 지식을 느껴볼 때, 우리는 그것과 하나가 된다. 그리고 다른 생각을 전혀 하지 않고 그 관념이 내 안에서 충분히 젖어 들 때까지 기다려주면 그 관념은 내 속에서 점점 숙성되어 또 다른 진실이 된다.

그리고 그 진실은 점점 나를 더욱 풍성하게 해 준다. 그렇게 나는 점점 내가 감동하고 감탄하고 감사한 그것을 닮아간다. 독서는 내가 느낀 그것이 되어주게 한다. 내가 형용하는 그것이 되어주게 한다. 나의 능동적인 정신 활동으로 나를, 내가 느낀 그것이 되어주게 하는 것, 그것이 독서의 목적이다.

앎은 삶이 되어야 한다

흔히 인간은 뇌로 생각한다고 하지만 사실은 세 가지로 생각한다. 머리 중심, 가슴 중심 그리고 사지 중심이다. 일반적으로 공부라고 하면 머리 중심을 이용해서 모르던 지식을 알게 되거나 방법들을 익히는 것을 말한다. 하지만 가슴 중심이나 사지 중심을 이용해 배우거나 익히거나 느끼는 것 또한 공부다.

이 셋 중 가장 느린 중심이 머리 중심이다. 머리를 이용해 지식이나 방법을 이해한다. 그 과정은 엄청나게 느리다. 하지만 충분히 이해가 되면 사지를 통해 그것을 연습한다. 반복하고 반복하면 머리를 쓰지 않아도 사지가 저절로 그것을 행한다. 사지가 저절로 그것을 행할 때는 머리를 사용할 때보다 아주 빠르다. 이렇게 머리로 생각하던 과정을 사지로 생각하게 하는 이 과정을 훈련이라고 한다.

내가 이 수학 문제를 풀 수 있다는 것과 시험점수가 높다는 것은 비례하지 않는다. 풀 수 있어도 시험장에선 못 풀 수 있다. 문제는 이 두 과정을 구분하지 못한다는 것이다. 몇 번 풀어본 후 '난 이제 알아!'라고 하지만 막상 시험 시간에는 그렇게 하지 못한다. 그 과정을 계속 머리를 사용하기 때문에 천천히 풀 수는 있지만 제시간에 풀지 못한다.

마치 기타로 어떤 악보를 보고 몇 번 쳐본 후에 난 이 곡을 칠 줄 알아 하지만 다른 사람 앞에서 칠 땐 버벅대거나 아무 생각이 안 나는 것과 같다. 사지로 충분한 연습이 되지 않으면 그건 모르는 것이다. 느린 머리로 익히고 빠른 사지로 그걸 행한다. 행한 만큼만이 내 것이다. 이것을 슈타이너는 앎이 삶이 되는 과정이라고 했다. 사지 중심으로 공부하는 것. 그래서 나의 앎이 삶이 되는 것. 그렇게 내가 살아낸 것이 바로 나다.

머리로 익히고 안 것을 가슴이 느낄 때가 있다. "하늘이 파랗다. 그런데 그냥 파랬던 하늘이 어느 날 그냥 파랗지 않더라고. 그 파란 하늘을 지켜보고 있는데 갑자기 내가 그 파란 하늘이 된 느낌이 들지 않겠어. 그 다음부턴 파란 하늘을 볼 때마다 그 전과는 전혀 다르게 '느끼게' 되더라고." '하늘이 파랗다'를 가슴으로 생각하게 된 것이다.

머리로 알고 익힌 것을 가슴으로 생각하기. 이것이 앎이 삶이 되는 예술이다. 앞에 있는 존재를 충분히 음미하는 것. 그것이 가슴으로 생각하기이다. 머리로 안 것을 머리를 쓰지 않고도 행할 수 있도록 연습하고 그것을 가슴으로 느껴보는 것. 그래서 나를, 내가 감동하고 감탄한 세상으로 만들어가는 것. 그래서 어느 날 문득 모든 게 편안하고 제자리에 있고 여기에 있음이 너무나도 자연스러운, 그래서 모든 것에 너무나 감사한 어느 날 알게 된다. 나란 무엇인가. 나는 무엇을 만들어 왔던가.

흔히 머리에 무언가 잔뜩 들어있는, 공부를 많이 해 아는 게 아주 많거나, 풀이를 아주 잘하는 사람이 교사가 되어야 한다고 한다. 하지만 그런 사람일수록 앞에 앉아있는 아이를 제대로 보지 못할 수 있다. 그 아이를 자신이 아는 어떤 이론이나 틀에 넣고 지편에서 말한 것처럼 죽은 것들을 보는 것처럼 대할 수 있다. 살아있는 존재를 볼 때는 지금 그 모습이 최종모습이다. 그 모습을 아껴 보아야 한다. 그 뒤에 숨겨진 의도와 그(녀)가 선택한 법칙을 알아보아야 한다. 교사가 그렇게 하려는 의도를 보일 때 학생은 교사에게서도 똑같이 교사를 느끼려고 한다. 학생이 교사를 가슴과 사지로 생각하기 시작한다.

그의 말을 행하려고 하고 그의 말을 느끼려고 하고 그의 말처럼 되어보려고 한다. 그처럼 나이 들기를 바라고 지금 그가 말하는 말과 느낌이 그만이 할 수 있는 말과 느낌인 것을 알고 소중히 여긴다. 그만이 할 수 있는 그것을, 나도 하고 싶다고 느낀다. 그는 그가 알고 있는 것을 세월을 들여 행동하고 내게 보여준다. 그 사람의 삶의 예술을 나에게 보여준다. 그 예술은 내 속에서 남아 시간이 지나 나에게서도 펼쳐질 것이다. 하지만 그와는 다른 방식으로 나는 느끼고 표현하며 살아갈 것이다. 학생이 이렇게 느끼게 되는 관계가 바로 예술적인 관계이다.

교사는 스스로 예술적인 교를 행해야 한다. 육을 하기 위해 자신을 비우고 앞에 있는 존재를 바라보고 느껴야 한다. 서로를 제대로 느끼려고, 그래서 서로 본보기로 배워나가는 예술적인 관계가 교실 안에서 펼쳐져야 한다.

학생은 가르쳐지지 않는다. 학생은 스스로 자신을 교육한다. 아는 것을 행하고 아는 것을 느끼며 자라난다. 그 누구도 다른 이를 통해 가르쳐지지 않는다. 스스로 '옳다, 맞다, 멋지다, 훌륭하다'라고 느낀 것을 자신 안에서 찾고 그것과 닮아가며 스스로 큰다. 교사는 촉매제다. 학생의 안에 있는 멋짐을, 훌륭함을, 감동을, 감탄을, 감사를 발견하고 그 모습으로 바라볼 때 그 학생은 스스로 자신을 그렇게 교육한다.

지편에서 우리는 영구치가 자랄 때 전생의 경험치를 가져온다고 했다. 그 전생의 경험치라는 것은 전생의 '나'라는 것이었다. 이번 생의 '나'라는 것은 내가 머리로 안 것을 사지로 행한 만큼과 가슴으로 느낀 만큼이다. 그것이 '나'이며 그것이 다음 생으로 넘어갈 이번 생의 나의 경험치이다. 이것만이 유일하게 의미 있는 경험이다. 내가 아닌, 내가 되지 않는 지식과 바라봄은 모두 사라진다. 내가 머리로만 아는 건 내가 아니다. 나는 무엇을 반복하고 있는가. 나는 무엇을 반복해 느끼는가. 세상은 어떻게 보이는가.

교사가 자신의 '나'를 행할 때 학생은 그만의 '나'를 보며 자신 안에서 자신만의 '나'를 꿈꾼다. 교사는 자명종이다. 자명종은 살아있지 않지만 인간을 아침에 깨울 수 있다. 교사가 학생보다 지적으로 똑똑하지 않아도 충분히 학생을 깨울 수 있다. 충실히 자신이 아는 것만큼 살아내는 모습이야말로 학생의 머리뿐만 아니라 사지와 가슴까지도 깨워낼 수 있는 유일한 매개체다. 이런 교사의 예술적인 모습은 학생을 수동적인, 그저 교사의 얘기를 듣기만 하는 존재가 아닌, 능동적인, 교사를 적극적으로 읽는 존재로 만든다.

사지로 그걸 행한다. 행한 만큼만이 내 것이다. 이것을
슈타이너는 앎이 삶이 되는 과정이라고 했다.

교사가 학생에게 남긴 그 씨는 시간이 지나, 그 씨를 남긴 교사의 나이쯤에, 그 학생만의 모습으로 나타날 것이다

교실에서 예술적인 관계를 경험한 학생은 교사에게 의지하거나 기대게 된다. 이때의 의지하거나 기대는 방식은 절대 수동적인 관계가 아니다. 적극적으로 의지한다. 적극적으로 기댄다. 적극적으로 그만의 '나'를 보려고, 느끼려고, 행동하려고 한다. 그처럼 되려고 한다. 적극적인 수용이 시작된다. 시키지 않았지만 자발적인 따름이 시작된다. 믿으라고 하지 않았지만 스스로 그 사람의 말과 행동을 믿을 수 있게 된다.

다른 이를 축복할 수 있는 이가 있다. 다른 이를 축복할 수 있는 이는 그의 인생을 살펴보면 어릴 때 그 사람의 주변에 축복해주는 이가 있었다. 그 모습을 어릴 때 보고 자신의 속에 간직했다가 시간이 지나 꺼내게 된다. 존재만으로 주변인에게 은혜 자체가 된 사람이 있다. 그 사람 덕에 그를 보고 자란 사람은 커서 그 사람의 분위기를 자신만의 분위기로 바꿔 그 역시 주변에 은혜가 된다.

나에게는 김영선 님이 그랬다. 말도 안 되는 기행을 일삼았고 늘 인생을 즐겼고 늘 남을 위했다. 늘 걱정하지 말라고 했고 늘 도와주려고 했고 늘 웃었다. 저절로 에너지를 나눠주었고 늘 취해 있었다. 난 그 모습이 좋았다. 하지만 의식적으로 그처럼 되려고 한 적은 한 번도 없었다. 다만 그 모습이 내 안 가득히 들어와 어떤 작용을 했고 그 모습은 나만의 모습이 되어 내가 그 나이가 되었을 때 서서히 나오기 시작했다.

운이 좋게도 나는 이 교육업을 21년째 하고 있다. 늘 주변엔 제자(?)들로 가득했고 늘 그들과 함께했다. 나이 차가 무색하게도 같이 잘 놀았다. 학원 교사들도 다 내 제자들이다. 그들은 내가 그들을 볼 때보다 이제는 훨씬 나이가 많다. 나를 처음 봤을 때 그들에게 나는 어떤 모습이었을까.

나는 '지난주의 내가 이번 주의 나와 대화가 안 되는 것'이 매주의 좌우명이다. 지난주의 나는 이번 주의 내가 갑자기 춤을 배우기로한 결정을 이해하지 못할 것이다. 지난주의 나는 이번 주의 내가 갑자기 점성학을 좋아한다는 말을 이해하지 못할 것이다. 지난주의 나는 이번 주의 내가 갑자기 작년에 한 일은 정말 별로였다고 하는 판단을 이해하지 못할 것이다. 나는 매주 변하기 위해 새로운 책과 새로운 사람과 새로운 수업을 듣고 많은 부분 행하려고 한다. 새로운 과정을 배우고 학원에 적용한다. 덕분에 우리 학원은 내가 변함에 따라 같이 변했다.

매년 내가 변하는 것처럼 아이들도 전혀 다른 아이들이 들어온다. 그 아이에 따라 또 우리 학원은 변한다. 매년 같은 과정으로 아이들을 만난다는 건 말이 안 된다. 느슨한 과정에서 그 아이에게 맞게 세부 프로그램이 변한다. 아이는 매달 매일, 매 순간 변한다. 지난주의 그 아이와 어제의 그 아이와 오늘의 이 아이는 다르다. 나를 비우고 차분하게 바라본다. 그리고 그 아이를 느껴본다. 그러면 내가 해야 할 말과 행동과 방법이 느껴진다. 그걸 행하면, 마치 내 생각 같지만 내 생각 같지 않은 그 행동은 아주 높은 확률로 우리 둘을 만족시킨다.

교육은 학교 졸업 후 단 1, 2년간만을 위해서만 운영해서는 안 된다. 배워서 당장 써먹기 위한 교육만이 아니라 인생 전체를 관통하는 교육이어야 한다. 이 아이가 인생 전반적으로 변하는 모습 중에 그가 자신의 인생에서 재생할 만한 모습을 경험해야 한다. 그가 예술적으로 관계하는 나이 많은 이를 만나 나이 먹음의 방향과 이유를 보아야 한다.

지금의 고등학교는 입시를 주로 말하는 교사와 입시가 필요 없는 대다수 학생이 서로 할 말이 없는 관계에 있다. 수능 5등급만 돼도 대학에 못 간다. 하지만 5등급은 학생들의 절반이다. 2등급 정도가 서울에 있는 대학에 간다고 쳤을 때 90퍼센트의 학생들이 의미 없는 대학을 가거나 대학을 못 간다. 입시를 제외하곤 지금의 학교가 입시가 필요 없는 학생들에게 무엇을 줄 수 있는가?

학생이 스스로 자랄 수 있도록, 자신이 원하는 '나'를 만들 수 있는 방향과 방법을 경험할 수 있게 해야 한다. 교사에게 있어 육이란 학생에게 씨를 남기는 것이다. 그 씨는 시간이 지나, 그 씨를 남긴 교사의 나이쯤에, 그 학생만의 모습으로 나타날 것이다. 인생은 속력이 아니라 방향이 중요하다.

그런데 많은 이가 자신에게 필요한 방향을 알지 못한다. 만약 당신이 인생의 방향을 알고 있고 그 방향대로 살고 있다면 당신 존재 자체가 주변인에게 방향을 알려주는 나침반일 것이다. 아이를 축복해줄 방법을 예전에 본 적이 있다면 지금의 당신은 주변을 축복해주는 사람일 것이다. 아이를 위해 기도해 주는 사람과 함께 했다면 지금의 당신은 주변을 위해 기도해 주는 사람일 것이다. 교사는 자신이 무엇을 주고 그것으로 어떤 일이 벌어지는지 명확히 알아야 한다.

학생이 스스로 자랄 수 있도록, 자신이 원하는 '나'를 만들 수 있는 방향과 방법을 경험할 수 있게 해야 한다.

'나'는 만들어가는 것이다

나에 대한 인식은 다음과 같은 3가지가 있다. 태어나서 일정 기간 환경에 대해 자신을 피해자라고 여긴다. 자신은 환경 때문에 이러한 특성을 가지게 된 것이라고 여긴다. '내가 성격이 안 좋은 것은 아빠가 나를 때려서 그래. 내가 국어공부를 못하는 것은 우리 학교 국어 선생이 잘 못 가르쳐서 그래. 내가 못 난 것은 부모가 가난해서 그래. 내가 이렇게 생각하는 것도 다 내 주변이 안 좋아서 그래. 내가 안 좋은 이유는 환경 탓이지 내 탓이 아니야. 난 피해자야'라며 자신의 잘못은 없다고 여긴다.

　　문제는 이런 상황이 많은 경우 죽을 때까지 안 변한다는 것이다. 무슨 문제가 생기면 탓을 하면서 자신은 피해자 행동을 한다. 이 사람이 부모가 되면 아이를 자신과 동일시하며 아이가 잘못되면 아이의 주변 탓을 한다. 나와 아이는 잘못이 없는데 주변 때문에 잘못된 것이라고 여긴다. 아이를 스스로 자라는 존재라 여기지 않고 자신이 '보호' 해야만 하는 존재라 여긴다. 자신이 '보호' 받지 못했다 여기기 때문이다. 자신이 화나거나 짜증이 나면 그건 자신의 선택이 아니라 주변 때문에 나는 거라고 여긴다.

　　이 상황에서 기분 좋은 것은 자신을 둘러싼 자신을 억압하는 '잘못된' 환경을 깨부수는 것이다. 그런 '잘못된' 환경을 깨부수는 것을 정당하다고 여기고 자신은 그 '잘못된' 환경을 제대로 고치는 영웅이 된다.

　　이 아이 안에는 독이 있다. 독이 있는 아이는 자신을 좋아하지 않는다. 그 독을 밖으로 꺼내는 과정을 나는 카운셀링이라고 부른다. 직원들은 학원에서 근무하지만 나는 카운셀러라고 부른다. 카운셀러들의 역할은 아이들의 독을 빼내는 일이다. 옆에서 충분히 함께 있으며 대화를 나누며 그 스스로가 조금씩 자신의 삶을 주도적으로 살도록 하면 점점 속에 있는 독이 빠진다. 이 독이 빠지는 과정은 사람마다 다르다.

독이 빠지면 그 사람은 환경을 그 전과는 다르게 인식한다. 그전까진 '때문에'라고 인식하던 존재들을 '덕분에'로 인식한다. 예전에는 내가 가진 단점들의 원인이라 여겨지던 것들을 내가 가진 장점이라 여기면서 그들 '덕분에' 그 장점들이 있게 되었다고 여긴다. '때문에'라고 여기면 부수거나 바꾸어야 하지만 '덕분에'라고 여기면 '덕분에'라 여긴 존재들을 위해 나눠주게 된다.

그들을 위해 행동하고 그들을 위해 마땅히 해야 할 일을 찾아서 한다. 공부를 잘 가르쳐서, 지식을 잘 알려줘서만이 아니라 독을 빼 주면 스스로 공부하게 된다. 공부라는 것이 남을 위해, 남에게 잘 보이기 위해 하는 것이 아니라 자신을 위한 것이라고 알게 되고 자신을 위한 공부를 시작한다.

사실 주변에 바뀐 것은 없다. 그저 주변을 보는 나의 관점이 바뀌었을 뿐이다. 그러나 내가 그것을 보는 관점이 바뀌면 내 안에서 그것이 실제로 바뀐다. 성장이란 어떤 것을 바라보는 관점이 바뀌는 것이다. 더욱 단순하고 핵심을 보게 된다. 나의 성장은 내 주변 모두의 성장이다. 지금의 '나'를 소중하게 여기게 될수록 주변 '덕분'이므로 주변을 더욱 소중히 여긴다.

여기서 더 나아가면 환경이란 것은 '내'가 어떻게 보는가에 따라 달라지는 것이라고 인식한다. 예전과 비교하면 환경에 영향을 받는 경우보다 내가 환경에 영향을 주는 경우가 더욱 많아진다. 그래서 환경을 보기보다는 자신을, 자신의 내면을 보기 시작한다. 자신의 습관을 바라보고 자신의 연습된 선택을 찾아낸다. 감정은 환경의 결과가 아니라, 주변 때문이 아니라 내가 그 상황에서 선택한 것임을 알게 된다.

내가 느낀 감각과 판단 사이에는 시간과 공간이 있고 그 시간과 공간 사이에 기준이 있어서 그 기준에 의해 그 감각을 판단함을 알게 된다. 그리고 그 기준은 그동안의 생활에서 습관에 의해 연습된 기준이지 내가 선택한 기준은 아님을 알게 된다. 그 기준은 나를 만들어감에 있어 내가 달라지면 충분히 달라질 수 있고 그전에는 이해가 되지 않았던 선택도 할 수 있음을 알게 된다.

자신의 감정이 선택하는 것임을 알게 될 때, 자신이 환경의 결과물이 아님을 느끼고 행동하게 될 때 그 사람은 누구나 교육자가 된다. 자신의 감정을 더 외부의 결과물이 아니라고 알게 될 때 그 사람은 비로소 다른 이를 볼 수 있게 된다. 그 사람을 제대로 보고 그 사람을 위한 행동을 하게 된다. 우리나라는 도덕이란 규칙을 지키는 행위라고 알고 있다. 그래서 도덕적인 사람이란 주어진 규칙을 잘 지키는 사람이다. 하지만 도덕은 규칙을 지키는 행위보다 훨씬 크다. 도덕은 자신이 옳다고 생각하고 느낀 생각과 느낌을 자신이 옳다고, 이 순간 해야 한다고 생각하는 방식대로 행동하는 것이다. 그래서 도덕은, 옳다는 도덕은 사람의 수만큼 다양하다. 그리고 그 옳다는 선택은 본인 스스로 해야 한다.

스스로 선택한 규칙이나 법칙에 따라 스스로 행위해야 마땅한 방식으로 자유롭게 옳은 일을 행할 때 도덕은 성장한다. 도덕은 진화한다. 주어진 규칙만을 지키는 것뿐만 아니라 더 나아가 스스로 옳다는 방식으로 생각하고 행동하게 된다. 독이 빠진 사람이 시간이 지나 알아서 자신의 역할을 할 때 이런 일이 벌어진다. 스스로 자신만의 방식으로 주변에 도움을 주게 된다.

점점 더 자신을 잘 알게 된다. 싫어하던 자신의 특성을 점점 좋아하게 되고 더 나아가 새로운 자신을 만들어가게 된다. 나는 찾는 것이 아니다. 나는 만들어가는 것이다. 만들어가는 과정에서 나이 든 사람의 삶에서 많은 씨를 받는다. 그의 모습을 보면서 안에 넣어 둔 모습이 내 안에서 숙성되어 내 방식대로 내 삶에서 나타난다. 점점 더 자유로워지며 삶의 방향을 알아가기 시작한다. 제대로 된 카운셀링은 사람의 삶의 방향을 찾게 하고 자신을 다시 보게 하며 자신을 자신의 의지로 만들어가게 한다.

나는 찾는 것이 아니다. 나는 만들어가는 것이다.
만들어가는 과정에서 나이 든 사람의 삶에서 많은 씨를
받는다. 그의 모습을 보면서 안에 넣어 둔 모습이 내
안에서 숙성되어 내 방식대로 내 삶에서 나타난다.

제대로 된 교사의 교육은 자신을 제대로 보게 한다

제대로 된 교사의 교육은 타인을 제대로 보게 한다. 타인을 제대로 보려면 자신을 제대로 만들 줄 알아야 한다. 그렇다면 자신을 제대로 만들어간다는 의미는 무엇일까?

우리는 다른 사람을 어떻게 바라볼까? 소개팅에 나갔다. 오랜만에 소개팅이라 옷도 신경 쓰고 머리도 다시 하고 어젯밤 잠도 일찍 자서 컨디션 조절도 했다. 카페에서 만나서 대화를 나누고 저녁을 먹고 간단히 술도 한잔하고 헤어졌다. 그동안 나는 무엇을 보고 있었을까?

대부분의 사람은 이런 경우 그 사람을 보지 않고 자기 자신을 본다. 이 사람은 나와 같을까? 조금이라도 자신과 비슷한 부분을 발견하면 '이 사람 조금 괜찮네?'라고 한다. 비슷한 부분이 없다면 관심이 없다. 자신과 비슷한 사람을 찾기 어려워서 조금이라도 비슷한 부분이 있는 사람이 있다면 '오늘 대화가 통하는 사람을 만났어'라고 느낀다.

상대를 만났지만 상대를 보지 않는다. 그러면서 상대는 자신을 있는 그대로 봐 주길 바란다. 자신을 있는 그대로 봐 준다는 것은 어떤 의미인가? 자신을 있는 그대로 봐 준다는 말의 의미는 내가 나를 생각한 대로 너도 나를 그렇게 여겨 달라는 뜻이다. 즉, 내가 세상을 보는 방식으로 너도 나란 세상을 봐 달란 말이다.

사실 자기 자신도 스스로를 있는 그대로 보지 못한다. 자신도 자기 자신을 왜곡해서 본다. 나는 이러이러한 사람이라고 여기지만 다른 이들이 볼 땐 전혀 그런 사람이 아니다. 그래서 두 사람이 만났지만 사실 두 사람은 아무것도 보지 못한다. 서로 자신의 모습을, 그것도 자신이 착각하는 자신의 모습만을 보고 온다.

그래서 어릴 때 다른 이로부터 성장해 본 경험이 중요하다. 타인을 보는 방법을 나이 든 사람에게서 배워야 한다. 교사가 학생의 안에 있는 멋짐을, 훌륭함을, 감동을, 감탄을, 감사를 발견하고 그 모습으로 바라볼 때 그 학생 안에서 멋짐과 훌륭함과 감동과 감탄과 감사가 나오듯 그 과정을 경험한 학생이 나이가 들면 분명 이 과정이 숙성되어 나온다.

그 교사가 자신을 볼 때의 표정과 말투, 음색을 기억한다. 그 사람만의 독특한 행동과 분위기, 나를 볼 때의 눈빛이 다시 나를 통해 나만의 방식으로 나온다. 타인이 나의 속에 있는 속성을 바라봐줌을 경험한 이는 본인이 타인을 볼 때도 속에 있는 속성을 바라보려고 한다.

내 안에 쓸데없는 낮은 감정이 가득하면 매 순간 낮은 감정을 처리하느라 나의 에너지는 외부로 향하지 않는다. 내 감정이 외부의 결과물이 아님을 알 때 나의 에너지는 낮은 감정을 처리하느라 애쓰지 않아도 된다. 이렇게 남는 에너지는 나를 채우고 그러고도 남는 에너지는 저절로 주변으로 향하게 된다. 그렇게 주변에 영향을 끼치게 된다. 그렇게 타인을 볼 수 있게 된다.

교편에서, 죽은 것을 바라보는 방식은 그 뒤에 있는 법칙과 함께 바라보는 방식이고 살아있는 존재를 바라보는 방식은 지금의 그 모습을 원형과 비교하면서 지금의 모습을 소중히 바라보는 방식이고 정신적인 존재를 바라보는 방식은 그 사람의 자유로운 선택으로의 동기를 바라보는 방식이라고 했다. 하지만 대부분 현대인은 사람을 볼 때 죽은 존재처럼 본다.

그 사람을 바라보지 않는다. 그 사람 어딘가 쓰여 있는 글씨를 본다. 직업을, 재산을, 사는 곳을, 과거를 본다. 직업이 의사면 사람을 살릴 수 있는 사람이라고 생각한다. 하지만 그 사람 자체는 보지 않는다. 실제로는 일이 너무 많아 앞에 사람을 제대로 보지 않는 상태라는 게 글씨에 가려 보이지 않는다. 그러면서 동시에 자신의 모습을 본다. 그래서 타인을 보지 못한다.

제대로 된 교사의 교육은 타인을 제대로 보게 한다. 타인을 제대로 보려면 자신을 제대로 만들 줄 알아야 한다. 그렇다면 자신을 제대로 만들어간다는 의미는 무엇일까?

내가 원하는 '나'를 만드는 방법

지편의 처음 내용을 상기해 보자. 느끼기 위해선 그를 위한 기관이 필요하다. 그 기관에는 세상과 나를 이어주는 오감을 위한 기관인 눈, 코, 입, 귀, 살을 모아둔 육체(몸), 살아있는 상태에 대한 느낌을 느끼는 기관인 생명체, 감정을 느끼는 감정체, 그리고 생각을 느끼는 이성체가 있다. 이 기관들은 우리가 공부해서 알게 된 것을 계속 반복하면 나중엔 머리를 쓰지 않고도 하게 되는 습관처럼 자신만의 습관을 지니고 있는데 이를 의지라고 한다. 이 기관들의 의지는 기관마다 다른 이름을 가지고 있다.

육체와 생명체의 의지는 본능이다. 살아남기 위해 행해지는 행동이다. 배고픔을 느끼고 따가움을 느끼며 듣기 좋은 소리를 듣고 위험한 존재를 보기 싫어한다. 감정체의 의지는 욕망이다. 화가 나면 화를 내고 싶고 기쁘면 기뻐하고 싶다. 그리고 이 본능과 욕망을 합쳐 충동이라고 한다. 충동적으로 행동한다는 말은 나도 모르게 무언가를 먹고 있거나 정신 차려보니 화를 내고 있었다는 말이다. 머리를 쓰지 않고 내재된 의지대로 행동한다는 말이다. 동물들도 육체, 생명체, 감정체를 쓰고 있으므로 충동적으로만 움직이면 인간은 동물과 구분되지 않는다.

반면에 이성체의 의지는 동기라고 한다. 이 동기는 인간만이 가진 의지이다. 이 동기는 충동과는 달리 교육을 통해서만, 학습을 통해서만 만들어질 수 있다. 동물은 교육이 필요하지 않다. 육체 그 자체가 스승이다. 육체만 봐도 그 동물이 뭘 잘하는 동물인지 알 수 있다. 하지만 인간은 겉모습만 봐서는 알 수 없다. 그 사람을 알게 된다는 것은 그 사람의 동기를 알게 됐다는 말이다.

난 내 학생들에게 물어본다. "넌 공부 왜 하니?" 그럼 학생들은 나에게 반대로 묻는다. "공부 왜 해야 하는데요?" 그럼 난 이렇게 대답한다. "몰입과 집중을 배우기 위해. 그래서 그 몰입과 집중을 통해 내가 원하는 나를 만들기 위해. 그래서 나를 성장시키기 위해. 그래서 더 나은 사람이 되기 위해서"라고 말한다.

모든 느낌을 위한 기관은 낮은 단계와 높은 단계를 가지고 있다. 육체와 생명체의 낮은 단계를 본능이라고 하면 그 느낌의 높은 단계가 있다. 감정체의 낮은 단계를 욕망이라고 하면 그 느낌의 높은 단계가 있다. 이성체의 낮은 단계는 생각의 흩어짐이다. 그리고 이 이성체의 높은 단계가 있다.

각 기관의 낮은 단계는 저절로 선택되는 단계이다. 마치 중력에 의해 높은 데서 낮은 데로 물이 흐르듯, 자연스럽게 선택되는 게 낮은 단계이다. 배고프면 먹고, 잠 오면 자고, 보고 싶으면 보고, 듣고 싶으면 듣고, 만지고 싶으면 만진다. 화나면 화내고, 짜증 나면 짜증 내고, 답답하면 답답해하고 때리고 싶으면 때린다. 한 가지 생각이 나서 그 생각을 하다가 문득 다른 생각을 또 한다. 생각은 저절로 흩어지는데 마치 유튜브에서 알고리즘이 이끄는 데로 가는 것처럼 생각도 약간의 연관이 있는 생각들이 내 선택과는 관계없이 마구 나타나는데 아무것도 하지 않으면 그냥 이런 상태가 선택된다.

　공부의 처음은 내가 원하는 생각에, 행동에 집중하는 것이다. 글을 읽고 수학 문제를 푼다. 읽다가 10분 정도가 지나면 글이 안 읽히거나 다른 생각이 나거나 노래가 떠오른다. 이 정도의 집중력이 초등학교 집중력이다. 15분 정도가 중학생이고 20분 정도가 고등학생이다. 이 평균 집중시간에 따라 각 단계 학교의 수업시간이 정해진다.

　하지만 단계가 올라간다는 것은 대부분의 사람들에게는 이런 집중력이 커짐이 아닌 보통 지식의 많음과 복잡함을 의미한다. 그래서 능력은 키우지 않고 지식의 양을 키우려고 한다. 처음 수업을 듣고 얼마나 잘 알아듣는가가 중요하지 않다. 미리미리 준비하고 그 지식을 익히고 마지막에 수업을 듣는다. 그래서 나이를 먹어 아는 것은 많은데 집중력이 낮은, 어린애 수준의 어른들이 많다.

　이렇게 집중력이 낮은 사람은 자신의 감정에 대한 집중력도 낮다. 아는 지식의 양과는 상관없이 자제력이 낮고 각 기관의 낮은 단계를 무지성으로 선택하는 경우가 많다. 공부의 시작은 내가 원하는 생각과 행동에 집중하는 것이다. 그래서 글을 읽는다. 집중해서 오래 읽고 그 내용을 익히고 적용해 보는 과정을 만들어낸다. 그것이 지금의 수능 국어다. 10분, 20분, 30분 이렇게 집중할 수 있는 시간을 늘려간다. 매일매일 30분씩 연습하다 보면 1시간 정도는 집중할 수 있게 된다. 집중이 잘 안 될 땐 수학을 이용한다. 수학은 글보다 집중하기 더 쉽다. 한 문제를 한 시간, 하루, 일주일을 고민할 수 있다.

이렇게 연습한 집중력을 다른 감각 기관에 적용해 본다. 배고파도 나중에 먹거나 화가 나도 나중에 내거나 다르게 생각해 본다. 내가 원하는 상태를 생각해내고 거기에 집중한다. 오늘 나는 저녁을 안 먹고 아침엔 이런 음식을, 점심엔 이런 음식을 먹겠다고 생각하고 그걸 행한다. 그렇게 원하는 나를 정하고 그런 나에게 집중해 나를 만들어간다.

점점 성장해 나감에 따라 내 감정은 외부의 결과가 아니라 나의 습관화된 선택임을 알게 된다. 같은 상황에 내가 원하는 감정을 선택해 보고 그걸 반복해 본다. 낮은 감정들이 얼마나 쓸데없는지 알게 되면서 내가 원하는 감정에 집중하는 것이 얼마나 중요한 일인지 알게 된다.

동기가 없는 사람, 이유가 없는 사람은 우연적이며 즉흥적이다. 언제 무슨 감정과 생각을 가지게 될지 모른다. 자신이라는 존재는 그때그때 들어오는 감정과 생각이라 생각한다. 그렇게 그때그때 들어오는 감정과 생각에 충실한 것을 솔직하다고 생각한다. 그래서 주변인에게 그 생각과 감정을 그대로 표현한다. 하지만 이렇게 방향이 없고 이유가 없으며 자신이 그 감정을 왜 가지는지, 그런 생각을 왜 하게 되었는지를 모르고 살면 그 사람의 내면은 허무해진다. 평생 내 안에 들어오는 감정과 생각을 존중해 왔는데 그건 환경에 따라 바뀌는 아무 의미 없는 행동이었기 때문이다. 내가 원하지 않은 감정과 생각으로 내면이 휘저어져서 남을 볼 여유가 없다.

내가 원하는 상태. 그 상태를 만드는 이유가 바로 동기이다. 동기는 인간만이 가지고 있다. 그리고 그 동기를 반복해 사지 중심이 그 동기를 행할 때 그 동기가 사지의 의지가 된다. 머리를 쓰지 않아도 저절로 그걸 행하고 있다. 아침에 일어나 반복하는 동작을 보라. 일어나서 아무 생각이 없었는데 저절로 칫솔을 쥐고 있거나 옷을 갈아입고 있거나 물을 마시고 있지 않은가! 일어나자마자 씻고 나가서 운동하리라 생각해 보라. 처음엔 어색하겠지만 익숙해지면 아무 생각 없이 일어나서 씻고 나가고 있는 나를 발견하게 된다.

이런 삶의 동기를 만들어주는 것이 바로 교사다. 이 동기를 그 사람한테서 끄집어내는 것이 육이다. 그 동기를 끄집어내는 매개체가 교사의 본보기이다. 난 나중에 저 사람처럼 되고 싶다. 저 사람의 말처럼 살고 싶다. 나이가 들어도 방향이 생긴다. 나이 듦의 이유를 알게 된다. 이런 삶의 성장하는 방향 속에는 의지화된 동기가 있어야 한다.

이 집중력은 지식의 양과는 무관하다. 하지만 이 집중력이야말로 자신을 성장해 나가는 데 필수적이다. 모든 느낌 기관에서 낮은 단계가 아닌 높은 단계에 이렇게 자신이 원하는 상태에 집중할 수 있음이 당연해질 때 그 모습이 내가 만든 내 모습이다. 나는 선택하고 집중해서 행하여 만들어가는 것이다. 오히려 이렇게 나를 만들어갈 때 내 속에 쓸데없는 감정과 생각이 없이 긍정적인 비움이 가능해진다.

그렇게 내가 만든 '나'가 있는 사람과의 만남은 즐겁다. 모든 말과 행동에서 배울 점이 있고 존재감이 있다. 나는 나의 모든 학생에게 배우고 싶다. 내가 그들에게 배우려면 그들이 그들만의 '나'가 있어야 한다. 그들이 그들의 삶을 살아야 한다. 내가 그들에게 배울수록 그들 스스로 잘살게 된다. 그들 자신이 원하는 자신을 스스로 선택하고 만들어가며 행복하게 살았으면 좋겠다.

죽을 때 자신에게 물어보라. "이번 삶은 어땠어?" "나는 이런저런 것들을 원했고 집중했고 경험해서 그래서 좋았다고 재밌었다고 즐거웠다"고. 그리고 더 높은 곳을 보았다고 말하는 그대를 보고 싶다.

삶의 동기를 만들어주는 것이 바로 교사다. 이 동기를
그 사람한테서 끄집어내는 것이 육이다. 그 동기를
끄집어내는 매개체가 교사의 본보기이다.

집중력을 높여주는 훈련법

이런 집중하는 훈련의 목적은 결국 내가 원하는 나를 만들어가는 것이다. 내가 원하는 나를 만들 수 있는 유일한 방법이 능동적인 사고력이다.

집중력을 높여주는 아주 쉽지만, 생각보다 어려운, 하지만 아주 효과적인 훈련이 있다. 이 문장을 읽은 즉시 가장 최근에 만난 사람 한 명을 떠올려 보자. 그 사람의 겉모습을 생각해서 표현해보자. 어떤 머리를 했지? 머리카락 색은 어땠지? 얼굴은 어땠지? 윗도리는 어떤 옷을 입었지? 무슨 색이었지? 어떤 모양이었지? 어떤 특징이 있었지? 아랫도리는 어땠지? 신발은? 양말은? 목걸이는? 시계는? 가방은? 손에 든 것은?

생각이 안 난다. 놀랍지 않은가! 난 사람을 만나도 대충 만나고 있었다! (이 글을 읽은 당신은 아닐 수도 있다. 나는 관찰력이 부족해서 처음 이 훈련을 했을 때 아주 놀랐다.)

그 사람과 만난 주변은 어땠지? 어떤 가게 앞에서 만났지? 만났을 때 주변 날씨는 어땠지? 햇살이 좋았나? 바람은? 그곳의 향은? 그 장소에 서 있을 때 느낌은?

정말 많은 게 생각이 안 난다. 정말 많은 사람이 어떤 사람을 어떤 장소에서 만났지만 거의 아무것도 기억해내지 못한다. 이 훈련의 출발은 여기서부터 시작한다. 내가 기억하지 못하는 이유는 무엇인가?

내가 주도적으로 행하지 않은 것은 내게 기억으로 거의 남지 않는다. 내게 평소와 다르거나 놀라운 일이 아니면 기억에 남지 않는다. 그래서 "이번 한 주 어땠어?"라고 물어보면 보통 지난주와 같았어. 별일 없었어. 같이 대답할 뿐 거의 기억해내지 못한다. 그래서 "대학교에 가서 가장 기억에 남는 수업을 떠올려 보세요" 하면 "기억이 안 나요" 하는 학생들이 절반 이상이다.

의식적으로 기억해보겠다고 생각하고 사람을 만나본다. 그리고 요소요소 살펴보고(티 나지 않게) 다음날 기억해본다. 그래도 많은 것이 기억나지 않는다. 하지만 그렇게 훈련해 나가면 30번 정도 했을 때 꽤 많은 것을 기억하게 된다. 놀라운 일이 이 훈련이 글 읽기에도 도움이 된다는 사실이다.

우리는 글을 읽을 때도 기억하지 않으며 사는 것처럼 읽는다. 그래서 앞에서 읽은 내용을 잘 기억하지 못한다. 혹은 그렇게 기억에 넣으며 (집중하며) 계속 읽는 행동을 오래가지 못하며 힘들어한다. 반대로 글 읽기 능력이 향상되면 사물이나 상황을 기억하는 데도 도움이 된다.

많은 사람이 연애할 때 듣는 질문이 있다. 나 오늘 어때? 변한 거 없어? 땀이 난다. 머리카락 3㎝ 잘라 놓고선 알아차려 달란다. 하지만 이런 질문들이 나의 관찰력과 기억력을 높여준다. 의식적으로 이젠 기억해보겠다 하고 관찰하면 서서히 차이가 보이기 시작한다. 이 훈련의 핵심은 주도적인 행동이어야 한다는 것이다.

나를 만들어가는 행동은 능동적인 사고력이다. 능동적이지 않으면 기억나지 않는다. 구르지예프는 인간은 자신을 기억하지 못한다고 했다. 난 이 문장을 처음 읽었을 때 나 자신에게 적용해 보고 소스라치게 놀랐다. 정말 난 아무것도 기억해내지 못했다. 5분 전 나의 행동도, 생각도, 기억해내지 못했다. 내가 주도적으로 하지 않은 그 어떤 것도 기억해내지 못했다. 내가 아닌 것은, 내가 의식적으로 만들어내지 못한 것은 대부분 기억해내지 못했다. 의식적이지 못한 상태의 나는 내가 아니었다.

자신이 원하는 생각과 원하는 감정에 집중하기 위해 할 수 있는 또 다른 훈련은 1분간 생각을 잡고 있는 것이다. 어떤 하나의 일만을 생각하겠다 결심한다. 그리고 타이머를 1분 맞춘다. 그리고 그 하나의 일을 떠올려 본다. 관찰력이 부족하면 그 하나의 일이 떠오르는 과정이 흐릿하다. 마치 해상도가 낮은 사진을 보는 것 같다. 떠오르지 않는다. 하지만 끈덕지게 계속 생각하면 여러 연관된 일들이 떠오른다. 그렇게 1분 알람이 울릴 때까지 그 생각만 해 본다. 1분 사이에 다른 생각이 나더라도 다시 그 생각으로 돌아가야 한다. 멍청히 있으면 금세 다른 생각으로 가 있다가 1분을 맞이한다. 나의 집중력이 놀랍다.

생각할 수 있는 일들이 없으면 아무 책을 잠시 읽고 그 내용을 떠올려봐도 좋다. 그렇게 1분에 익숙해지면 1분씩 늘려간다. 매일 조금씩 훈련해보고 5분 정도 한 가지 생각에 집중할 수 있으면 일상생활의 많은 부분이 달라질 것이다.

또 다른 방식의 생각하는 방식이 있다. 이건 원하지 않는 감정이나 생각이 들어오는 과정과는 반대로 내가 원하는 필요한 생각을 하는 방법이다. 난 아주 어릴 때부터 이 방법을 알고 있었던 것 같다. 시험공부를 할 때 일정 부분을 공부하고 나면 꼭

15분 정도를 숙면했다. 늘 잠이 부족했었기 때문에 자려고 마음 먹으면 바로 잘 수 있었다. 그리고 깨어나서 내가 공부한 부분을 떠올려 보고 기억이 나지 않는 부분은 내가 익히지 못한 부분으로 확인했다.

그리고 시간이 지나 다시 그 공부를 할 때 다시 공부하고 또 잠시 잤다. 그리고 일어나서 다시 확인해보았다. 내가 그걸 내 안에 억지로 집어넣으려고 하기보단 일단 집어넣고 시간을 기다려보면 그 지식은 내 안에서 알아서 남아있거나 희미해졌다. 난 그렇게 그 지식이 스스로 내게 말하는 방법을 사용했다.

시간이 지나 이 말을 괴테한테 들었다. '그것이 스스로 말하게 하라' 그 방법은 내가 어렸을 때 썼던 방법과 비슷했다. 단지 그 과정을 지금 나는 명상이란 이름으로 부를 뿐이다. 어떤 하나의 개념을 생각한다. 아까 훈련했던 어제 만난 사람과 상황을 기억하는 방법처럼 어떤 하나의 개념에 필요한 아주 세세한 사실들을 나에게 말해준다. 그리고 충분히 통합한 후 그 통합한 관념을 계속 속으로 잡아둔다.

그리고 그 관념을 그림으로 만들고 그림만을 떠올린다. 충분히 그림으로 남겼으면 그 뒤엔 그 그림도 지우고 가만히 몸의 상태에 집중한다. 그 떠올리려는 개념에 대해 생각을 하지 않고 공간으로 둔다. 그러면 얼마 시간이 지나(개념에 따라 몇십 분일 수도, 하루, 일주일, 한 달일 수도 있다) 다른 일을 하고 있을 때 갑자기 어떤 그림이나 상황이 단어로 보인다. 너무 오래되면 그 개념과 연관이 있다는 생각도 잘 나지 않지만, 갑자기 그 개념과 연결이 되면서 놀라워한다. 이게 그런 의미라고? 이게 그런 뜻이라고?

'그것이 스스로 말하게 하라'를 연습할 수 있는 가장 좋은 훈련이 바로 경청이다. 아주 많은 이가 대화를 할 때 사실 앞에 있는 사람의 말을 듣고 있지 않다. 그 말을 들으면서 자기 생각에 빠져 있다. 이 말을 해야지. 갑자기 든 생각에 한참을 갔다가 다시 앞사람의 말에 집중한다. 그 사람의 말에 자신의 판단을 얘기한다. 조언한다. 이렇게 하는 게 좋겠다며 묻지도 않았는데 그의 판단에 나의 판단을 말해주는 것이 그 사람을 위하는 것이라 여겨진다. 결국 '그 사람이 스스로 말하게 하라'라는 원칙에서 봤을 때 그 사람의 말을 들을 때 나는 그 사람의 말에 집중하지도, 스스로 말하게 하지도 못한 셈이다. 경청은 그 사람이 말하고 싶어 하는 것을 그 사람의 방식대로 충분히 들으며 그 순간 그 사람에게 집중하는 것이다.

이런 집중하는 훈련의 목적은 결국 내가 원하는 나를 만들어가는 것이다. 내가 원하는 나를 만들 수 있는 유일한 방법은 능동적인 사고력이다. 내가 원하는 곳에 집중하는 능력! 이것이 자신을 스스로 성장하게 만드는 방법이다.

행복해지는 방법

내가 학원에서 아이들에게 가르치는 것이 있다. 그건 바로 행복해지는 방법이다. 학원에 오는 아이들은 대부분 배우러 오는 아이들이다. 무언가를 잘 못해서 잘하기 위해 온 아이이다. 그렇게 온 아이들에게 문제를 풀게 한다. 조금 어려우면, 그래서 잘 안 풀리면 얼굴이 굳는다. 그러다가 풀리면 당연한 듯 다음 문제로 넘어간다.

난 그걸 바라보다가 이렇게 말한다. 행복함을 느끼는 것은 연습이 필요하다. 학원에 오는 이유는 못하는 것을 좀 더 잘하기 위해서다. 못해서 온 거니까 못하는 것이 당연하다. 그래서 난 못하는 것에 대해 혼내지 않는다. 사실 아무 반응도 하지 않는다. 그리고 아이가 스스로 풀어내면 살며시 다가가서 하이파이브한다. 살살할 때도 있고 세게 할 때도 있지만 할 때마다 아이의 얼굴이 크게 펴진다.

그러면 나는 또 이렇게 말한다. 문제를 푼 상황은 당연한 게 아니다. 무언가를 당연하다 여기면 아무것도 느끼지 못한다. 여기서는 못하는 게 당연한 것이고, 풀어내면 기뻐해야 한다. 문제 하나하나 풀어내면 기뻐하라. 나와 함께 하이파이브하면서 기뻐하라. 그렇게 작은 성취감을 느끼면서 더욱 큰 성공을 기대하라. 기뻐하는 연습을 해라. 매번의 문제를 풀기 위한 시도는 큰 성공을 위한 여정이어야 한다.

못 풀었을 때 교사의 눈치를 보는 건 여정의 설계가 잘못된 것이다. 풀어냈을 때 함께 기뻐하는 게 코치의 역할이다. 그리고 이 과정에서 더 숨겨진 메시지는 이것이다.

　작은 일도 무시하지 않고 최선을 다해야 한다. 작은 일에도 최선을 다하면 정성스럽게 되고 정성스럽게 되면 겉으로 드러나고 겉으로 드러나게 되면 이내 밝아진다. 남을 감동하게 하면 변하게 되고 변하면 생육된다. 그러니 오직 세상에서 지극히 정성을 다하는 사람만이 나와 세상을 변하게 할 수 있는 것이다.

　《중용》에 나오는 말이다. 수학 문제 하나 풀어도 행복을 연습할 수 있고 정성을 다할 수 있고 스스로 자신을 키울 수 (생육) 있다. 그래서 자신을 변하게 하고 세상도 변하게 할 수 있다.

수학 문제 하나 풀어도 행복을 연습할 수 있고 정성을 다할 수 있고 스스로 자신을 키울 수 (생육) 있다. 그래서 자신을 변하게 하고 세상도 변하게 할 수 있다.

'나'를 만드는 방향이 우리말 속에 들어있다

인생의 목적은 스스로 만족하는 '나'를 만드는 것이다. 이 '나'를 만드는
방향이 내가 태어난 그 민족의 언어 속에 들어있다.

정신과학을 공부하다 보면 만나게 되는 것이 민속학이다. 우리 민족은 어떤 특징을 가지고 있으며 어떤 정신을 잇고 있는가? 내가 우리 민족의 정신을 잇고 있다면 나에겐 어떤 정신이 들어있는가를 연구하다가 알게 된 게 있다. 우리 민족은 후손이 어야 하는 정신을 언어에 숨겨두었다. 이 언어는 궁궐이 불타도 나라가 축소되어도 그 민족이 살아있다면 계속 이어진다.

우리말은 한글과 한문으로 적는다. 그래서 한글과 한문 둘 다 살펴보아야 그 말의 진정한 의미를 알 수 있다. 예를 들어 하늘(天)은 천이라고 발음한다. 그 뜻은 하늘이다. 하늘에서 비가 내리면 작은 물줄기(川)를 이루는데 그 물줄기(川)의 발음도 천이다. 이 작은 물줄기들이 모이면서 만드는 물이 강(江)이다. 하늘과 땅을 이은(工) 물(水)이다. 그 강들을 받아들이는 물이 바다. 받아들인다고 바다다. 이 바다는 海라 쓰고 해라고 발음한다. 그리고 이 해는 다시 하늘에 뜬다. 그렇게 다시 바다는 하늘과 연결된다. 해-> 천-> 강 -> 해 ->천 이렇게 순환된다. 우리 민족은 자연에 이름을 함부로 짓지 않았다. 자연 뒤에 숨겨진 법칙을 찾아 철학으로 만들고 그 철학을 담아 곱게 이름을 붙였다. 그래서 자연에 붙여진 이름을 살펴보면 그 자연의 특징 또한 알 수 있었다. 이런 예는 수도 없이 많다. 모든 자연은 법칙으로 연결되고 순환되었다. 이 과정이 우리 말과 글에 숨겨져 있었다.

우리 민족은 해를 숭상한 민족이었다. 하늘과 땅이 연결되면 공(工)이라 불렀다. 이를 하늘(天)보다 더 높이 이루어내면 이를 부(夫)라 불렀다. 그래서 하늘과 땅을 연결하는 과정을 공부라 불렀다. 이렇게 공부를 완성하면 그 결과가 겉으로 드러나게 되는데 그 색을 붉다(紅, 붉을 홍)고 했다. 이 붉은 색은 중용에서 말한 '작은 일에도 최선을 다하면 정성스럽게 되고 정성스럽게 되면 겉으로 드러나고 겉으로 드러나게 되면 이내 밝아진다'는 밝은색의 다른 발음이다.

새를 조(鳥, 새 조)라고도 하고 추(隹, 새 추)라고도 한다. 새를 다르게 발음하는 이유는 새를 바라보는 관점이 다르기 때문이다. 새를 조라고 부르면 그 새는 땅에서 하늘로 날아가는 새다. 해가 떠오르는 아침을 조(朝, 아침 조)라고 부르는 것을 보면 조는 솟아오르는 것을 부르는 말이다. 새를 추라고 부르면 그 새는 아래로 내려오는 새다. 추락한다는 단어를 생각하면 된다. 이렇게 우리말은 발음이 같으면 같은 의미가 있는 경우가 많다.

스스로 붉고 밝아진 사람은 주변을 밝히고 나눠주며 넓어진다. 이렇게 나눠주고 넓어진 사람을 홍(弘, 넓을 홍)이라 부른다. 붉을 홍과 넓을 홍은 같은 의미이다. 이렇게 붉고 밝아져 주변에 나눠주는 사람을 홍익인간(弘益人間)이라 했다. 고조선의 건국이념은 제세이화(濟世理化) 홍익인간이다. '세상의 이치와 함께하여 홍익인간이 되게 한다'라는 뜻이다. 세상의 이치를 공부하고 익혀 정성을 다하고 그 정성을 다한 밝은 사람이 되어

나눠주어 세상을 이롭게 하라는 뜻이다. 국가 이념이 밝은 사람이 되라는 국가는 전 세계에 우리나라가 유일하다. 이 밝은 빛의 근원이 바로 하늘에 있는 해다.

해(日)가 하늘에 떠서 하늘과 땅 사이(二)에 있게 되면 한자로 亘(환할 환)이라 한다. 하늘과 땅 사이에 있는 해가 하늘을 열(十, 열 십)고 땅을 열고 이 하늘과 땅을 연 해를 지킨다(韋 지킬 위)는 뜻의 한자가 바로 우리나라 이름인 한(韓)이다. 우리나라 이름은 대한민국이지만 이름만 보면 나라 이름은 한국이다. 한이 나라 이름이다. 그 한이란 나라 이름은 바로 해를 지킨다는 뜻이다. 즉 해를 내면에 지켜 밝은 사람이 되어 홍익인간이 되라는 뜻이다.

철학의 철자를 한자로 쓰면 가벼울 철(哲)이라고 쓴다. 철학은 공부해서 스스로 가벼워지는 학문이다. 피타고라스가 말하길 '철학의 목적은 스스로 만든 경계를 부수고 자유로워지는 것'이라고 했다. 가벼워진다는 말은 밝게 된다는 말이다. 즉 철학은 스스로 밝게 빛나게 하는 학문이다. 홍익인간이 된다는 말이다. 이 가벼울 철자 위에 있는 折(자를 절)자는 예전엔 절풍이라고 해서 중국 쪽에서 고구려풍속을 절풍으로 불렀다. 지금 같으면 한류 같은 뜻이다. 이 절(折)자 밑에 입구(口) 자를 붙이면 바로 가벼울 철자가 된다. 고구려의 말이 철학이란 뜻이다. 우리의 말에 철학이 있다는 말이다.

작은 것부터 정성을 다해 겉으로 빛을 내는 밝은 사람이 되는 것. 이것이 우리 민족이 우리 말에 숨겨놓은 공부의 목적이다. 삶의 목적이다. 이 밝은 사람은 존재만으로 주변을 밝힌다. 내가 한국인이라는 말은, 이 정신을 계승한다는 말이다. 한복을 입지 않아도, 상투를 틀지 않아도, 제사를 지내지 않아도 이 정신을 계승하면 한국인이다. 인간은 스스로의 선택으로 자기 삶의 방향을 정해야 한다. 그 삶의 방향을 밝은 사람으로 정하면 그는 한국인이다. 공부한다는 것은 자신을 가볍게, 그리고 밝게 만드는 것이다. 영어로 깨닫는다는 말은 'enlightened'이다. 가볍게 된다는 뜻이다. 밝게 된다는 뜻이다.

한국인의 정신은 심오하다. 하지만 간단하다. 자신을 가볍게 만드는 방향. 그래서 스스로 빛을 내는 사람. 그는 자신만의 '나'를 만드는 사람이다. 주변의 영향에서 오는 감정과 생각보다 자신이 선택하는 감정과 생각에 집중하고 사물의 법칙을 연구하고 세상의 이치와 도리를 연습하여 자신의 행동으로 만드는 자다. 우리는 코리안이다. 고리(高麗)국 사람이다. 고리를 한자로 환(環)이라 발음한다. 고리는 환하다. 코리아는 환히 빛나는 나라다. 내가 한국인이면 스스로 빛날 줄 알아야 한다.

앞에서 정신과학을 공부하는 이유가 스스로 지켜야 할 법칙을 스스로 선택하고 행하여 자유를 얻는다고 했다. 민속학을 공부하는 이유는 스스로가 속한 민족의 방향을 자신 안에서 찾는 데에 있다. 그 민족의 방향을 스스로 행함으로써 그 민족의 일원이 되고 스스로 그 민족의 방향이 됨으로써 The korean이 된다.

인생의 목적은 스스로 만족하는 '나'를 만드는 것이다. 이 '나'를 만드는 방향이 내가 태어난 그 민족의 언어 속에 들어있다.

역사는 사건의 서술만을 배우는 것이 아니다

결국 시간이 지나 지금의 나에게 앞으로의 삶의 방향은 내가 정하는 '나'를 만드는 일이다. 내가 살아가는 방향을 스스로 정하고 방법을 정하고 내가 원하는 시기에 행하면서 나를 만들어가는 것.

인간의 의식은 세 가지다. 잔다, 꿈꾸다, 깨어있다. 우리는 이것을 매 순간, 하루, 일생 계속 경험한다. 지금 이 순간을 보자. 지금 이 순간 나의 정신은 깨어있다. 하지만 나의 오감은 꿈을 꾸고 있다. 그래서 내가 느낀 감각은 명확히 설명하기 어렵다. 꿈처럼 그저 받아들일 뿐 정확한 설명이 어렵다. 나의 내장은 잠을 자고 있다. 소화해도, 피가 돌아도, 간이 해독을 해도, 호르몬이 샘 솟아도 아무것도 느껴지지 않는다. 이 순간 정신은 깨어있고 오감은 꿈을 꾸고 내장은 잠을 잔다.

오늘 하루를 보자. 오늘 새벽 나는 잠을 잤고 일어나기 직전 꿈을 꿨고 지금은 깨어있다. 지금까지의 인생을 보자. 태어나기 전 잠을 자고 태어나서 영구치가 날쯤까진 꿈을 꾸고 영구치가 완전히 난 이후엔 깨어난다. 인류의 역사를 공부해도 이와 같은 인간의 세 가지 의식상태를 발견할 수 있다. 전 세계적으로 BC 7세기를 전후로 철학이 성했고 그 철학을 문자로 남기기 시작했다. 그렇기 때문에 그 전엔 문자로 남아있는 내용이 그리 많지 않다.

그전까지 인류는 꿈꾸는 상태에 있었다. 영구치가 나기 전 내부와 외부를 구별하지 못하던 어린아이 시절처럼, 인류는 서로가 연결되어 있음을 느끼고 있었다. 그래서 그때의 인류는 자신을 소개할 때 누구누구의 아들 준우라고 소개했다. 그리고 그 아버지가 죽어도 아들은 그 아버지를 느낄 수 있었다. 그래서 제사를 지냈다. 당연히 느껴지기 때문이다. 나보다는 내 가족이, 가족보다는 혈족이 더욱 중요했다. 혈족 중 이런 앞선 영혼과의 연결이 강한 사람이 그 민족의 우두머리(우두머리라는 말은 제사를 지내는 제사장이란 뜻이다)가 되었다.

하지만 BC 7세기 전후로 영구치가 난 뒤 아이들처럼 그 전과는 잘라져 연결이 끊어진, 단절된 사람들이 많아지기 시작했다. 여전히 연결되어 있던 사람들이 보기엔 저 사람들은 뭔가를 가르쳐주지 않으면 더는 알지 못했다. 사실 그 전엔 교육이 필요 없었다. 연결된 존재들에게 물어보면 되기 때문이었다. 뭔가 가르쳐주지 않으면, 뭔가 남겨두지 않으면 안 되는 사람이 많아짐에 따라 문자로 기록하기 시작했다. 지금의 연결된 느낌과 연결되어 알고 있는 진리를 남겨둬야 했다.

AD 0년에 예수가 태어났다. 예수는 그 전과의 사람들과 달랐다. 그 당시 사람들은 자신을 소개할 때 여전히 누구누구의 아들이자 누구누구의 손자인 준우라고 소개했고 여전히 집단이 중요했고 혈족이 중요했다.

하지만 그 습관만 남아있을 뿐 연결된 느낌을 여전히 가진 사람은 그리 많지 않았다. 그러던 와중에 예수는 자신을 가리켜 이렇게 말했다. I am that I am. 이 말은 그 당시 자신을 소개하던 I am a son of (   ), a grandson of (   )를 부정했다. 나는 더는 윗대와 연결된 누가 아닌 내가 스스로 정하는 나라고 했다. 이 말은 그 당시 부족을 이끄는 사람들의 심기를 거슬러 예수는 죽임을 당했다. 하지만 확실히 선언했다. 나는 내가 스스로 정한 나라고. 물론 예수는 단절된 느낌의 나를 느끼는 사람이었지만 연결됨도 느끼고 있었다. 이렇게 단절된 나를 느끼면서 연결됨을 느끼게 된 사람을 우리는 깨달은 사람이라 부른다. 그래서 예수는 "어린아이처럼 (다시 연결)되지 않으면 천국에 들어갈 수 없다"라고 했다.

BC 7세기 플라톤은 말했다. 이데아(idea)가 있고 지금 세계는 이데아의 그림자다. 이렇게 말하는 사람은 다른 세계와 연결됨을 아는 자다. 하지만 이천년이 지나 칸트는 '내가 지금 생각하는 관념과 저 밖에 있는 자연의 실제는 연결되지 않는다. 내 생각과 실제는 같지 않다. 그래서 같은 것을 보아도 사람들의 생각은 제각기 다르며 자연의 실제는 알 수 없다'라고 했다. 칸트는 연결됨을 잃어버린 자다.

이렇게 똑똑한 지식인들도 연결됨을 거의 잃어버리게 된 시기가 AD 1500년쯤이다. 우리나라는 이때 이황과 이이가 있었는데 이황은 연결됨이 남아있던 사람이었다. 그에겐 영혼 세상의 진리인 이와 물질세계의 기가 있는데 이황한테는 플라톤의 이데아처럼 당연히 이와 기는 연결되어 일어나는 것(이기일원론)이었다. 하지만 이이는 연결됨이 남아있지 않았고 그에겐 이와 기는 당연히 다르게 일어나는 것(이기이원론)이었다. 이는 플라톤과 칸트처럼 연결됨이 남아있는 사람과 연결됨이 없어진 사람의 얘기였다.

1800년대에 오면 대부분 사람에게는 그 연결이 끊어져 공부하던 사대부에게도 이황 같은 공부는 현실에 도움이 되지 않는다 여기게 되었다. 그래서 대두된 학문이 바로 실학이다. 실제로 지금 나에게 도움이 되는 공부를 하자는 것이다. 지금 '나'에게 내가 느낄 수 있는 공부를 하자는 것이다. 더는 제사를 지내고 조상을 위하고 내가 느낄 수 없는 존재들을 위한 행동을 할 이유를 못 찾게 된 것이다.

지금의 인간은 영구치가 날 때쯤부터 주변과의 단절이 일어나고 단절된, 정확히는 피부를 경계로 그 내부를 '나'라고 여기게 되었다. 이제는 대부분 사람은 플라톤처럼 이데아를 인지하지 못한다. 칸트처럼 똑같은 사물을 보아도 사람마다 다르게 생각한다는 말을 진리처럼 받아들이게 되었다. 예수가 말한 것처럼 나는 누구의 아들이 아닌, 어느 부족의 일원이 아닌, 내가 정하는 '나'가 된 것이다.

그래서 역사학을 공부해 보아도, 일생을 살아도, 하루를 살아도, 지금을 느껴도 우리는 세 가지 의식상태를 확인해 볼 수 있다. 결국 시간이 지나 지금의 나에게 앞으로의 삶의 방향은 내가 정하는 '나'를 만드는 일이다. 내가 살아가는 방향을 스스로 정하고 방법을 정하고 내가 원하는 시기에 행하면서 나를 만들어가는 것. 이것이 나를 스스로 육하는 것이다. 자유를 얻는 것이다. 나를 만들어가면서 서서히 내면에 외부에서 오던 감정과 생각이 없어지고 주도적인 비움이 생긴다. 거기에 외부에 있다고 느껴지던 자연이 들어온다. 그렇게 연결됨이 시작된다.

스스로 육할 수 있도록 본보기를 보여주는 것이 교육자가 하는 일이다. 교육자는 학생이 스스로 자신을 교육해 스스로 자신을 만들 수 있도록 이끌어야 한다.

무엇에 대해 제대로 생각하게 될 때 스스로를 육(育)
시킬 수 있다

기존의 자기 생각이 내가 제대로 생각하는 방법의 가장 최대의 적이다.
내가 만나는 사람은 새로운 사람이든 내가 알고 있는 사람이든 늘
어제와는 다른 새로운 사람이다. 괴테의 말처럼 '그가 스스로 말하게
하라'가 되어야 한다.

무엇에 대해 제대로 생각하는 과정은 다음과 같다.

첫째, 그 무엇이 새로운 것을 줄 것이라는 흥미를 느낄 것.

둘째, 좋은 생각이 빨리 떠오를 것이라는 기대를 버릴 것.

셋째, 속에 있는 의미를 찾아내는 과정에서 스스로 충족됨을 느낄 것.

제대로 생각해야 할 필요를 생각해 보면, 제대로 생각해서 대부분 자신이 원하는 정보를 찾아내거나 문제 상황에서 적절하거나 새로운 해결하는 방법을 떠올리고 싶기 때문일 것이다. 그 방법이 바로 첫 번째 방법이다. 연습해보자. 새로운 사람을 만난다. 그리고 그 사람에 관해 대화를 통해 알아가 보자. 무엇을 알아냈는가? 직업? 연봉? 사는 곳? 애인의 여부? 취미?

이런 내용을 알아내는 것을 호구조사라고 한다. 여전히 많은 사람이 사람을 만나면 호구조사를 한다. 어디 살아요? 뭐 하는 분이세요? 취미는 뭐예요? 이런 걸 물어도 그 사람에 대해 알게 되는 건 거의 없다. 그 사람이 직업이 교사라고 했다. 그래서 이렇게 대답한다. 그렇군요. 힘드시겠어요. 그 사람은 교사라서 힘들다고 한 적이 없다. 오히려 교사라는 직업에 자부심을 가지고 있고 얼마든지 일해도 더 재밌다고 할 자신이 있는 사람이다. 하지만 힘들겠다는 자신만의 판단을 밀어붙임으로써 그 사람의 실제 생각을 하나도 이끌어내지 못했다.

그래서 결국 이렇게 간다. MBTI가 뭐예요? ENFP입니다. 그렇군요. 보통 ENFP는 하고 싶은 것 다 하는 타입이라던데. 이 역시 마찬가지다. 그 사람이 스스로 ENFP라고 한 것과 그 사람이 실제로 어떤 사람인지는 같지 않다. 내가 생각하는 ENFP는 그 사람이 스스로 생각하는 ENFP와도 같지 않다. 결국 또 그 사람의 정보는 하나도 이끌어내지 못했다.

반대로 내가 잘 아는 사람 한 명을 생각해 보자. 그 사람은 어떤 사람인가? 그는 평소에 느긋하고 화를 잘 안 내며 침착하다. 운동을 좋아하고 가끔 나사 빠진 행동을 한다. 난 그 사람을 잘 안다고 생각한다. 그리고 오늘 그 사람을 만난다. 그럼 나는 내가 잘 알고 있는 그 사람에게 새로운 점을 찾을 수 있을까? 아니면 내가 평소에 알고 있다는 그 사람의 특징만을 확인하게 될까?

기존의 자기 생각이 내가 제대로 생각하는 방법의 가장 최대의 적이다. 내가 만나는 사람은 새로운 사람이든 내가 알고 있는 사람이든 늘 어제와는 다른 새로운 사람이다. 괴테의 말처럼 '그가 스스로 말하게 하라'가 되어야 한다. 오늘의 그는 어떤 사람인지 스스로 말하고 나는 그걸 받아들여야 한다. 그러려면 오늘의 그는 어떤 사람인지 흥미를 느끼고 쳐다보아야 한다. 새로운 그가 오늘은 어떤 말을 할지 궁금해하며 쳐다보아야 한다.

기존의 생각을 비우고 지금의 그가 하는 말과 느낌으로 내안을 가득 채워야 한다. 그리고 헤어진 후 시간을 좀 두면 그 새로운 그가 내 안에서 새로운 느낌으로 떠오르게 된다. 아! 그때 그가 했던 말이, 행동이 이런 의미였구나! 기존의 생각을 접고 지금 새로운 정보를 내 안에 넣고 그것이 스스로 말할 때까지 기다리는 것. 내 안의 어떤 존재가 사고하는 과정을 믿고 스스로 떠오를 때까지 기다리는 것. 이게 그에 대해 제대로 생각하는 방법이다.

이걸 주변 사물이나 상황에 적용해 보자. 어떤 상황이 벌어졌다. 그 상황은 내게 처음인 상황일 수도 있고 익숙한 상황일 수도 있다. 처음인 상황에선 어떻게 할까? 대부분 내가 경험한 다른 상황에 비추어 생각한다. 지난번에 이런 비슷한 일은 이랬으니까 이번에도 이럴 거야. 덕분에 지금 상황에서 새로운 점을 찾지 못한다. 익숙한 경우도 마찬가지다. 지난번과 비슷할 거라며 비슷하게 처리한다.

이런 상황에서 제대로 된 새로운 점을 찾는 방법도 사람을 만나는 과정과 비슷하다. 필요한 정보를 최대한 찾아본 후 내 안에 가라앉힌다. 그리고 내 안의 어떤 존재를 믿고 기다린다. 그러면 얼마 지나지 않아 내 안의 존재는 어떤 생각을, 어떤 느낌을 준다. 아! 그 일이 그래서 벌어진 거였구나. 그건 이런 의미였구나! 이런 생각이 떠오르기 전엔 판단하지 않는다. 그것이 스스로 말하게 하라. 이것이 제대로 생각하는 첫 번째 방법이다.

하지만 이 과정에서 필요한 상태가 있다. 그것은 평정심이다. 어떤 다른 감정이 있다면 다른 생각이나 느낌은 떠오르지 않는다. 생각하는 행동 뒤에 반드시 성공해야 해 같은 마음이 있다면 평정심은 생기지 않는다. 성공할 때처럼 실패할 때도 똑

같이 즐거워할 수 없다면 그 사람이나 일에서 제대로 된 생각을 끄집어내기 힘들다. 빨리 생각해 내야지를 기대하면 아무것도 떠오르지 않는다. 그것이 스스로 말할 때까지 기다려야 한다. 다른 일을 해도 좋고 명상을 해도 좋다. 다만 충분히 그것에 대한 정보를 내 안에 충분히 넣었으면 더는 그것에 대해 생각하지 않아야 한다.

이 과정을 반복했을 때 새로운 생각이 떠오르는 순간을 맞이했다면 분명 그 순간은 놀랍고 즐거울 것이다. 이 놀랍고 즐거운 순간은 이 생각하는 행동 자체를 즐거운 행동으로 여기게 할 것이다. '아! 이런 과정이 제대로 생각하는 과정이구나! 그래서 우리말엔 생각이 들었다고 하는구나! 생각은 들어오는 거구나. 이래서 생각은 가라앉아 있다가 스스로 말을 하며 떠오르는 거구나.' 이 과정은 신비롭고 놀랍다. 내 안에 있는 나는 깨어있는 나보다 지혜롭다.

그래서 이 과정을 반복하면, 그래서 어떤 사람이나 상황이나 정보 안에 있는 새로운 의미를 알게 됐을 때, 내 안에서 떠오르는 과정과 그 떠오른 새로운 의미는 나에게 엄청난 충족감을 준다. 지금의 나보다 더 지혜로운 나의 이야기이기 때문이다. 슈타이너는 "우리 자신을 사고작용을 위한 무대로 만드는 데에 익숙해질 것, 사고내용이 우리 안에서 작용하도록 버려둘 것, 사고내용은 내가 거기 없어도 내 영혼 안에서 작용하는 힘이다. 그러면 그 내용 스스로를 말하게 된다"라고 했다.

"너 자신을 알라"라고 한다. 여기서 안다는 단어는 'know'라는 뜻이기도 하지만 'hug'라는 뜻이기도 하다. 우리말로 그가 그녀를 '안았다'라고 하면 그것은 관계를 했다는 말이자 새로움을 잉태했다는 말이다. 우리말에 '알'은 최상급이다. 새를 숭상하는 민족답게 '새답다'를 '새롭다'라고 하고 새로움을 잉태하는 그 형태를 '알'이라고 부르고 그 '알답다'는 말을 '아름답다'라고 한다. 수많은 영웅이 알에서 태어났다. '너 자신을 알라'라는 말은 너 자신을 통해 새로움을 잉태하라는 뜻이다. 그 방법이 바로 '그것이 스스로 말하게 하라'이며 그것이 제대로 생각하는 방법이다.

결국 제대로 배운 생각하는 방법은 나를 충족시킨다. 그리고 나를 더 나은 사람으로 성장시킨다. 이런 생각하는 방법은 오히려 실제 생활에 활용할 수 없는 도구에서 더 잘 배울 수 있다. 그래서 학교에서 국어와 수학을 배운다. 어려운 문제가 안 풀릴 때 어떻게 하는가? 바로 해설지를 봤거나 교사한테 물어봤는가? 필요한 정보를 가득 넣어두고 시간이 지났더니 문제 스스로가 답을 말해주는 경험을 해 본 적은 없는가? 그것이 제대로 된 사고를 하는 과정이다. 이런 과정은 늘 놀라움과 충족감을 준다. 머리로 생각하는 것을 가슴으로 생각하게 한다. 기존의 상황과 정보를 전혀 다르게 보기 시작한다. 이것이 성장이다. 제대로 생각하는 과정, 이것이 스스로 육하는 과정이다.

행
行

나의 교육의 목적은 개인의 '독립'이다

자, 각자의 하루를 생각해 보자. 아침에 일어나 자신만의 루틴을 돌고 출근 혹은 등교를 한다. 할 일을 끝내고 6시에 퇴근 혹은 하교를 하고 친구를 만나거나 학원에 가서 공부하고 집에 간다. 또 자신만의 루틴으로 1시간 정도 보내다가 잠을 잔다. 이런 과정을 우리는 얼마나 많이 반복하는 걸까? 이런 반복이 우리에겐 어떤 의미가 있나? 당신이 고등학생이라면 생각해 보라. 초등학교부터 벌써 10여 년을 이렇게 살고 있다. 이 쳇바퀴 돌 듯 계속되는 삶이 당신에겐 어떤 의미가 있나? 당신이 성인이라면 생각해 보라. 나는 어떤 하루를 계속 반복하고 있는가? 그 반복이 나에게 어떤 의미가 있는가?

이 기호는 물음표(?)다. 이 물음표를 옆에서 보면 느낌표(!)가 된다. 당신의 하루를 위에서 보면 시계 위에 그려진 시간표 같지만 옆에서 보면 용수철 같다. 나는 하루를 반복했지만 그 하루는 어제와 같지 않다. 용수철처럼 위로 올라갈 수도 아래로 내려갈 수도 있다. 위로 혹은 아래로 움직이는 것은 머리가 아닌 가슴이 느낀다. 가슴으로 생각해 볼 때 나의 하루는 나를 위로 올려줄 수도 아래로 내려줄 수도 있다.

희망, 보람
능동적인 생활

의미없는 생활
수동적인 생활
왜 하는지 모르는
활동의 반복

똑같은 매일을 반복하면서 주도적으로 아무것도 느끼지 않는다면, 주변에 의해 느껴짐만 당하며 살면 당신 삶의 용수철은 아래로 내려간다. 매일매일, 자꾸자꾸 내려가지만 마치 물에 개구리를 담그고 물을 끓이면 물의 온도가 올라가는 것을 못 느끼는 것처럼 나의 삶은 자꾸자꾸 내려가지만 정작 나에겐 느껴지지 않는다. 그러다가 알게 된다. 주변에 의해 화가 자주 난다. 자꾸 나를 건드리는 것들이 많다. 뭔가 잘 안된다는 느낌이 들고 재미도 없다. 무기력하고 하고 싶은 것도 없고 불편한 것투성이다.

이런 과정을 나는 '제 무덤 지가 판다'라고 한다. 지 무덤 지가 파 놓고선 남에게 화풀이한다. 화를, 짜증을 내고 싶어 하고 있다가 그 상황이 되면 마치 그 상황이 잘못있다는 듯 마구 퍼붓는다. 상대방 문제로 마구 몰아가 놓고선 정작 본인도 불편하다. 난 잘 살아온 것 같은데, 잘못이 없는데 왜 이런 상황이 오는 거지?

나의 하루에 보람과 의미가 있다면, 용수철은 올라간다. 이 용수철도 서서히 올라가서 올라가는 줄도 모르게 올라간다. 그러던 어느 날 나도 모르게 흥얼거리며 단순한 일을 하고 있는데 주변 친구가 묻는다. "뭐 좋은 일 있어?" "아니." "그런데 왜 그리 즐거워 보여?" 아무 일도 생기지 않았는데 즐겁게 그 일을 한다. 숨만 쉬어도 기쁘다. 기쁜 일이 생겨야 기쁜 게 아니라 그냥 기쁘다. 그 일을 해내는 게 나에겐 너무나도 의미가 크다. 내가 주도해서 해내는 이런 과정이 너무 좋다. 이런 상황 또한 자신의 천국을 만드는 과정이다.

이런 질문을 해야 한다. 난 이 일을 왜 할까? 이 일은 나에게 무슨 의미가 있을까? 나의 오늘 하루는 나에게 어땠는가? 인간은 지는 싸움엔 나가도 의미 없는 싸움은 하지 않는다. 의미 없는 하루를 계속 보내면 그 사람은 텅 비게 된다. 그 의미는 스스로 만들어야 한다. 사람은 그냥 지켜보려고 태어나지 않았다. 주도적인 의미 발견과 행동은 그 사람을 스스로 천국으로 향하

231

게 한다. 그 발자국의 시작은 아주 작은 것이다.

'오늘 영어 단어를 50개 외웠어. 그래 오늘 난 잘했어. 내일은 55개 외워볼까? 해내면 재밌을 거 같아. 해 보자. 난 할 줄 알았어. 55개도 할 수 있어. 재밌어. 내일은 60개야. 살을 빼야겠어. 체력도 없어. 내일부터 달리기를 해봐야지. 일단 한 달 목표야. 매일 30분씩 운동장을 달릴 거야. 어? 비가 오네? 그래도 할거야. 일주일이 지나 보니 아침에 일어나는 게 너무 힘들다. 오늘만 쉴까? 아냐. 한 달 하기로 했으니 해 보자. 봐봐, 오늘이 한 달째야. 왜 이리 뿌듯하지? 별거 아닌 건데. 그저 아침에 30분 달린 건데. 아주 기분이 좋아.'

세 벽돌공에게 물었다. '무엇을 하고 있습니까?'

첫 번째 벽돌공이 말했다. '벽돌을 쌓고 있습니다.'

두 번째 벽돌공이 말했다. '교회를 짓고 있습니다.'

세 번째 벽돌공이 말했다. '하느님의 성전을 짓고 있습니다.'

《그릿(grit)》이라는 책에 나오는 얘기다.

우리는 사명감이 없는 공무원과 교사와 경찰과 소방관을 좋아하지 않는다. 지구를 깨끗이 하고 있다는 청소부와 사람들을 연결해주고 있다는 택시기사와 지역 사람들을 고용해 지역에 도움을 주고 있다는 빵집 사장과 하느님의 성전을 짓는 벽돌공과 너를 바꿔 세상을 바꾼다고 믿는 교사를 보고 싶다.

인간은 '나'를 가진 이후로 의미의 동물이 되었다. 의미가 없으면 말 그대로 의미가 없다. 그 의미를 스스로 찾고 만들어가야 더욱 의미가 있다. 그렇게 스스로 삶의 방향을 찾고 스스로의 방법으로 그것을 해나갈 때 인간은 자유를 느낀다. 그렇게 자유를 획득하는 사람을 독립한 사람이라 부른다.

내가 하는 학원의 교육목표는 한 개인의 '독립'이다. 이 독립은 세 가지로 나뉜다. 능력적 독립, 이성적 독립, 그리고 감성적 독립이다. 한 개인은 다른 사람들과 주변 상황들과 단절된 '나'다. 하지만 공부를 하고 자유를 찾고 의미를 얻으면 그 개인은 진정한 개인이 된다. 개인은 영어로 an individual이다. individual이란 단어의 뜻은 '나누어지지 않은'이란 뜻이다. 이상하지 않은가? 개인은 나누어진 하나의 인간인데 그 뜻은 나누어지지 않은 존재라는 뜻이다. 주변과 단절돼서 시작하지만 그 결과는 다른 이와 연결되어 다시 나뉘지 않게 되면 우리는 그 존재를 The Individual이라 부른다. 제대로 된 공부는 단절된 나를 다른 이와 주변 상황과 연결하게 해 준다. 제대로 된 개인은 다른 이와 함께 한다.

하루를 산다는 것은 마치 태양을 중심으로 돌고 있는 지구와 같다. 매일매일 같은 반지름을 돌고 있다. 아무 의미가 없어 보인다. 하지만 이 과정에서 주변에서 오는 것처럼 보이는 감정과 생각보다 내가 원하는 생각과 감정에 집중해서 나의 의미를 찾아 나의 방향으로 향하기 시작하면 그 반지름은 줄어든다. 인도어로 태양과 지구의 반지름의 길이를 카르마(Karma, 업)라고 한다. 그리고 지구에서 태양으로 향하는 방향을 다르마

(Dharma)라고 한다. 태양은 또 다른 나다. 자신의 삶을 자신만의 방법으로 카르마를 줄이는 방향으로, 진정한 자신을 만들어가는 과정으로 사는 삶을 스바다르마(sva-Dharma)라고 한다.

나는 내 학생들이 독립하길 바란다. 스스로 자신의 삶을 즐거이 살길 바란다. 그래서 내가 그 삶을 즐거이 바라볼 수 있길 바란다. 매일매일 보람 있고 즐거이, 자신의 삶을 살길 원한다. 우리 학원은 그런 목적을 위해 만들어졌다. 이 목적을 위해 여러 가지 과정을 만들고 지금껏 계속 업그레이드 해오고 있다. 어느덧 21년이 되었다. 교육을 시작해서 10년쯤 했을 때 내 학원을 만들며 내가 가는 방향을 알았다면 20년쯤 했더니 나의 방법과 생각이 생겼다. 그동안 나는 나의 아이들을 이렇게 독립시켜 왔다.

반지름이 점점 줄어
자기의 본질로
향해간다

독립은 세 가지로 나뉜다. 능력적 독립, 이성적 독립, 그리고 감성적 독립이다. 한 개인은 다른 사람들과 주변 상황들과 단절된 '나'다. 하지만 공부를 하고 자유를 찾고 의미를 얻으면 그 개인은 진정한 개인이 된다.

능력적 독립을 이루는 과정

당신의 공부 목적에 따라 그 역할을 하는 선생을 만나야 한다.

독립의 첫 번째는 능력적 독립이다. 능력적 독립은 스스로 무언가를 해낼 수 있다는 말이다. 누군가를 스스로 무언가를 해 낼 수 있도록 하기 위해선 그 누군가가 무언가를 스스로 '해내는' 과정이 필수적이다. 이 과정에서 스스로 해냄을, 성취감이 중요하다. 느낌이 없다면, 주도적인 성취감이 없다면 성장은 없다.

이 과정에서 명확히 해야 할 단어들이 있다. 티칭은 알려주는 것이다. 티칭은 난 이렇게 알고 있고 해결한다를 보여줄 뿐 그걸 본 사람이 해 내는 건 그 사람의 몫이다. 코칭은 스스로 하게 하는 것이다. 선수가 스스로 시도해 보게 하고 옆에서 지켜보면서 더 잘 해낼 수 있도록 조언과 격려를 한다. 컨설팅은 경험자가 의뢰자의 일을 대신 해결해주는 것이다. 치료는 아픈 사람을 안 아프게 하는 것이다. 치료의 대상은 환자다. 상담은 이 모든 것이 모여있는 단어다. '나 이번에 담임이랑 상담해 보려 해'라는 말의 상담은 티칭일지, 코칭일지, 컨설팅일지, 치료일지 모른다. 상담을 요청하는 사람도 자신이 모르는 걸 알고 싶은 것인지, 스스로 하고 싶은 것인지, 그냥 전문가가 알아서 해주길 바라는지, 아니면 스스로가 환자인지 모른다. 그래서 전문가가 스스로 티처인지 코치인지 컨설턴트인지 의사인지 구분하지 못하면 이상한 일이 벌어진다. 알고 싶어서 갔는데 가르쳐주지도 않고 전문가가 알아서 해 버린다거나, 아픈데 스스로 해보라고 재촉하거나, 스스로 해 보고 싶은데 그냥 쓱 보여주고 끝내거나, 혼자 할 수 있는데 자꾸 나보고 아픈 사람 취급할 수 있다.

당신이 선생이라면 당신의 역할은 무엇인가? 티칭인가? 코칭인가? 컨설팅인가? 치료인가? 학부모가 아이를 데리고 와서 말한다. 아이가 공부를 안 해요. 이 아이는 환자다. 치료가 필요하다. 치료하는 곳으로 가야 한다. 대상은 학생이지만 부모도 대상이다. 아이를 아프게 했기 때문이다. 당신이 학생이면 당신의 공부 목적은 무엇인가? 모르는 걸 아는 것인가? 그럼 좋은 티처가 말해주는 유튜브를 자주 보면 된다. 아는 것과 스스로 할 수 있는 것은 다르다. 남이 해내는 것을 자꾸 보면 나도 할 수 있을 것만 같지만 그냥 기준만 높아질 뿐 스스로 할 수 있게 되는 건 누가 해내는 걸 오랫동안 지켜볼 수 있는 능력뿐이다.

스스로 무언가를 해 내고 싶은 건가? 그럼 코치를 만나면 된다. 아무리 잘하는 선수도 전담 코치가 있다. 김연아도, 장미란도, 박태환도 전담 코치가 있다. 무언가를 잘하려면 나랑 잘 맞는, 그래서 나를 잘하게 해주는 코치가 필요하다. 그 코치는 나를 잘하는 상태로 계속 유지해 준다. 난 하기 싫은데, 혹은 할 수 없는데 누가 대신해 주길 원한다면 대신 잘 해 주는 컨설턴트를 만나면 된다. 내가 옷을 잘 못 입는데 스스로 어떤 색이 내게 잘 맞고 어울리는지 모른다면 컨설턴트가 입으라는 대로 입으면 된다.

당신의 공부 목적에 따라 그 역할을 하는 선생을 만나야 한다. 나의 역할은 코치다. 나의 아이들이 스스로 해낼 수 있도록 과정을 설계하고 그들과 함께한다. 그들이 자기 일을 자기 일이라 여기게 하고 그 일을 스스로 해내게 하여 스스로 성장할 수 있도록 성장을 규정하고 그 성장을 매번 경험할 수 있도록 돕는다. 이 과정은 30%의 티칭과 70%의 코칭으로 이루어진다. 이렇게 학생 스스로 할 수 있게 하려고 수업을 구성하고 아이들이 스스로 연구할 수 있도록 토론을 하게 하고 제대로 했는지 보기 위해 시험을 본다.

주입식이 아닌 수학 수업

나의 수능 수학 수업은 30%의 티칭과 70%의 코칭으로 이루어진다. 일단 수업을 시작하면 그 수업 때 필요한 지식을 나의 관점과 함께 소개한다. 보통 2시간 수업을 하면 내가 지식을 소개하는 시간은 20분 남짓이다. 정말 딱 필요한 지식만 전달하며 거기에 그 지식을 배워야 하는 이유와 그 지식을 다르게 볼 수 있는 관점을 보여준다.

예를 들어 '경우나누기'를 배운다고 하자. 그럼 경우나누기를 하는 방법은 3가지가 있다고 소개한다. '전부 세기. 수형도 그려보기. 차트 만들어 보기' 그리고 이 방법들을 어떻게 사용하는지 간단한 수학 문제로 시범을 보인다. 그러면서 나만의 관점을 첨부한다. 인류는 세기 위해 어떤 개념을 만들었다. 사과 하나, 사과 둘, 이렇게 셀 수 있으려면 사과는 배와 다르며 사과는 사과끼리 같다는 개념이 있어야 사과 하나, 사과 둘 이렇게 셀 수 있다. 모두 세려면 얘와 얘는 다르고 얘와 얘는 같다는 다르고 같다는 개념이 있어야 한다. 그 개념이 수학 문제에서는 경우를 세는 기준이 된다. 이 기준을 문제에서 찾아야 한다.

하지만 일일이 하나하나 모두 세는 것은 너무 오래 걸린다. 어떻게 하면 더 빠르게 셀까? 이때 인류는 더하기를 개발했다. 2+3=5다. 두 개를 세고 다시 세 개를 세서 다섯 개라고 하면 느리다. 2+3=5를 연습하면 더 빨리 셀 수 있다. 이렇게 경우를 나눌 때 수형도를 이용하면 마치 더하기를 배우는 것처럼 더 빨리 셀 수 있다.

하지만 세어야 할 게 더 많아져서 더하기보다 더 빠른 방법이 필요하게 되었는데 그래서 발견하게 된 것이 곱하기이다. 2×3=6이다. 이는 두 개씩 석 줄을 세웠다는 모양이다. 이렇게 같은 모양을 여러 줄로 세워 두면 곱할 수 있게 되어 더 빠르게 셀 수 있게 된다. 이렇게 같은 모양을 여러 줄로 세워서 곱할 수 있게 하는 방법을 차트를 이용하는 방법이라 한다. 그래서 모든 경우나누기 문제는 어떻게든 곱하기를 이용해서, 차트를 이용해서 빠르게 풀 수 있도록 연구해야 한다고 알려준다. 하지만 곱하기를 사용할 수 없어 수형도를 이용하거나, 수형도도 이용할 수 없어 모두 세야 하는 경우도 있다. 그리고 이런 곱하기 방법을 수학에서는 순열이라고 한다고 지식을 안내한다.

그런 뒤 두어 문제를 해결하는 과정을 보여준 뒤 풀어야 하는 문제들을 알려주고 그 뒤에는 학생들 스스로 풀 수 있도록 한다. 그리고 학생들이 스스로 풀면 나에게 정답을 물어보고 답을 맞히면 나는 그와 하이파이브를 하거나 칭찬을 한다. 정답이 아니면 아니라고 말해주면 학생은 다시 문제를 들여다본다. 이 속도는 학생마다 달라서 느린 학생은 자신의 느린 속도대로, 빠른 학생은 빠른 속도대로 진행할 수 있다. 문제를 푸는 순서는 앞의 문제를 스스로 해결하면 그 문제를 해결한 방법이 다음 문제를 스스로 해결할 수 있는 힌트가 되게 구성한다. 그래서 처음 문제를 스스로 해결하면 다음 문제도 스스로 해결할 수 있게 된다. 이를 나는 도미노 설계방식이라고 이름 붙였다. 도미노는 자신의 1.5배까지 쓰러뜨릴 수 있다. 그래서 첫 번째 문제를 해결하면 첫 번째 문제에서 오늘의 목표 문제까지 스스로 해결할 수 있도록 구성한다. 학생들은 마지막 목표 문제가 얼마나 어려운 문제인지 알지 못한 체하다 보니 어느새 스스로 해결했음을 알게 된다.

그 과정에서 나는 격려를 한다. 나중에 학생들의 피드백을 들었는데 내 수업에서 나에게 정답을 말하고 내가 맞았다고 할 때 쾌감이 있다고 했다. 다음 문제도 잘 해 봐야지 같은 마음이 든다고 했다. 내가 문제를 대신 해결해주진 않는다. 중간중간 학생들이 자신의 방법으로 해결하면 그 문제를 좀 더 쉬운 방식으로 소개한다. 학생들이 해결하지 않은 상태에선 웬만하면 그 문제를 해결해주지 않는다. 내가 문제를 해결해주는 건 목표 문제를 스스로 해결할 수 있는 과정에 필요할 때뿐이다. 그래서 내 수업에 함께 하는 학생들의 성취감은 아주 높다. 그리고 자신이 시간을 충분히 들이면 풀 수 있다는 자신감이 생긴다.

나는 코치다. 내 아이들이 스스로 해낼 때, 그래서 씩 웃을 때 그 표정을 보는 것을 좋아한다. 나는 동기 부여자다. 왜 해야 하는지 본을 보인다. 그리고 자신만의 이유를 찾으라고 독려한다.

나는 의미부여자다. 오늘 한 행동이 어떤 의미가 있는지 알려준다. 그래서 오늘 너는 정말 멋졌다고 알려준다. 나는 듣는 자다. 그래서 오늘 어떤 공부를 했고 어떤 과정을 통해 어떤 결과를 냈으며 어떤 느낌을 가졌는지 듣는다. 그리고 함께 기뻐한다.

나의 첫 번째 수업은 아이들이 스스로 할 수 있도록 설계하고 진행하며, 전체 수업 과정도 역시 첫 번째 수업을 해내면 두 번째 수업의 활동을 스스로 할 수 있도록 설계해서 한 과정 전체가 도미노 설계가 되도록 한다. 그리고 한 과정이 끝나면 그동안 어떤 과정을 했고 무엇을 할 수 있게 되었는지 알려준다.

지식이나 방법만을 알려주는 것은 교육이 아니다. 그건 그냥 지식이나 방법의 안내자다. 스스로 본을 보여주는 교도 아니고 아이들을 스스로 성장하도록 하는 육도 아니다. 지식과 방법의 안내만으로는 학생에게 아무것도 남지 않는다. 안내만 했는데 아이가 감명을 받는 것은 순전히 우연이다. 그 과정에서 아이가 자신을 교육할 수 있도록 분명한 '의도'를 가지고 설계하고 그 결과를 보아야 한다.

스스로 안내자에서 교육자가 될 때 교육자 자신도 성장한다. 자기 일에 더욱 사명감을 가지게 된다. 벽돌을 쌓는 게 아니라 교회를 짓는 게 아니라 하느님의 성전을 짓게 된다. 문제를 알려주는 게 아니라 수학을 알려주는 게 아니라 아이가 스스로 할 수 있게 하도록 그래서 아이 스스로 교육할 수 있도록 수학이라는 도구를 통해 자신을 성장하게 해야 한다. 내 앞에 한 아이라는 세상이 있고, 그 한 아이라는 세상을 바꿈으로써 진짜 세상도 바뀜을 볼 수 있어야 한다. 한 과정, 한 과정 끝날 때마다 아이들이 더욱 자신감이 붙고 스스로 하려는 의지가 커지는 모습을 보는 것은 정말 기쁜 일이다.

수학을 알려주는 게 아니라 아이가 스스로 할 수 있게
하도록 그래서 아이 스스로 교육할 수 있도록 수학이라는
도구를 통해 자신을 성장하게 해야 한다.

능력을 키우는 건 개인을 경쟁시키기보단 협력을
경험하는 토론이 더욱 효과적이다

수업 때 코칭을 하고 남은 문제는 아이들이 집에서 풀어온다. 교실에서 나와 함께 풀었건, 집에서 스스로 풀었건 수능 문제는 아이마다 풀이가 다르다. 교육과정평가원은 수능에 대해 해설서를 주지 않는다. 시중에 나와 있는 해설서는 모두 학원이나 학교 교사들이 만든 것이다. 문제를 푸는 방법은 다양하고 그중에 가장 빨리 해결할 방법을 연구해서 시간 내에 해결하라는 의도다. 그래서 나는 한 문제를 풀었을 때 다른 방법으로도 풀어보라고 독려한다. "좀 더 쉬운 방법이 있는데 찾아볼래?" 내가 알려주는 게 제일 빠르고 쉽지만 스스로 찾아내지 못한 방법은 시험 때 쓰지 못한다. 느리더라도 스스로 찾아낼 때까지 힌트를 주며 기다리는 것이 가장 빠른 방법이다.

　　이렇게 각자 다르게 푼 풀이는 아이들끼리 토론하게 한다. 어떤 문제가 있는데 본인이 생각해도 굉장한 방법으로 풀었다면 아이들한테 얘기할 때 어깨가 올라간다. 거기에 아이들도 "와!"라며 호응해준다. 생각해 보라. 수학이라는 과목에서 내가 주도해서 다른 사람들에게 칭찬받아본 적이 있는가! 우리는 수학을 싫어하는 게 아니다. 수학에 의한 평가를 싫어하는 것이다. 어떤 과목이든 그 과목에서 주도적으로 내가 뭔가를 해 낸다면 그 과목을 좋아하게 될 확률은 굉장히 높다.

　　어떤 문제를 다른 아이들에게 설명하다 보면 자신의 방법에 허점을 찾게 된다. 그러면 그 허점을 메우기 위해 또 고민하고 보완한다. 이 문제는 이렇게밖에 풀 수 없다고 생각했는데 다른 친구는 엄청나게 쉬운 방법으로 푼다. 대단하다. 또 다른 굉장한 방법을 배운다.

우리 팀 중에 아무도 못 푼 문제가 있었다. 그래서 어떻게 풀까 모두 고민하기 시작했는데 누가 이렇게 하면 어떨까 하면서 단서들을 막 던지기 시작했다. 또 옆에서 이런 방법은 어떨까 하면서 다르게 해결해보기 시작했다. 모두 칠판에 붙어서 각자 방법으로 풀어보기 시작했다. 그러다가 누군가가 "풀었다!"라고 외쳤다. 모두 그 친구에게 가서 그 친구의 풀이를 들었다. 그 친구의 얼굴이 굉장히 밝다. 풀이도 멋졌다. 비록 그 문제를 해결하는 데 1시간이 걸렸지만 아주 멋진 시간이었다.

공부의 시작은 내가 못 푸는 문제를 만날 때다. 각자의 수준에서 못 푸는 문제를 만났을 때 어떻게 하는가가 능력을 키우는 데 있어 아주 중요하다. 중학교에서 올라온 대부분 아이는 안 풀리면 10분 정도 고민해보다가 나를 본다. 내가 스스로 해야 할 것을 다른 사람이 대신해주면 그 사람이 못 큰다고 하자 다시 그 문제를 본다. 20여 분 정도 더 고민하다가 스스로 해결한다. 그러면 난 그 친구에게 가서 하이파이브하며 말해준다. "넌 태어나서 처음으로 스스로 생각하는 과정을 경험했다. 그리고 해결방법까지 떠올렸다. 잘했다. 비록 30분 걸렸지만 이 30분은 너에게 굉장히 값진 시간이었다. 계속해 보자!" 아이 얼굴이 밝아진다. 이내 다시 고개를 묻고 다음 문제에 도전한다.

토론할 때 아무도 못 풀었던 문제를 함께 머리를 맞대 풀어내는 과정은 아이들에게 굉장한 시너지를 느끼게 한다. 이 친구들은 내 편이구나. 나와 함께 하는구나. 나의 이야기를 들어주는구나. 나를 더 잘하게 해 주는구나. 와! 이게 풀리네? 단체로 감탄한다. 나에게 흥분해서 달려와 막 자랑을 한다. "제가요, 제가요, 이걸 이렇게 해 봤거든요. 그런데 이게 이렇게 되는 거예요." 그걸 말하는 아이 옆에 있는 아이들도 엄지를 치켜들고 최고라고 한다. 멋진 녀석들!

공부는 보거나 듣는 것이 아니다. 스스로 해 볼 때 공부가 시작된다. 그렇게 직접 해 보면 성과가 나온다. 그 성과가 나오면 다른 이에게 설명해 줄 수 있다. 다른 이에게 설명해주게 되면 비로소 창의성이 발휘된다. 그 다른 이는 나는 상상도 못 하는 질문을 하기 때문이다. x와 x^2은 왜 안 더해져? 응? 잠시만. 나도 생각해 본 적이 없는 질문이다. 여기저기 찾아보고 공부해 보니 x와 x^2은 차원이 달라서 더해지지 않더라. x는 직선의 길이 즉 1차원이고 x^2은 넓이 즉 2차원이라 더해지지 않아. 그래서 $x+2x$는 $3x$인데 $x+x^2$은 더는 더해지지 않아. 그 친구 덕분에 설명하던 나도 배운다.

이해라는 것은 나에게 어떤 개념이 들어오면 그걸 자신의 언어로 바꿔서 설명할 때 시작된다. 어려운 말들을 자신이 생각할 때 가장 쉬운 말로 바꿔 설명해 보는 과정은 이해의 수준을 한 단계 높여준다. 어려운 말들로밖에 설명할 수 없다면 그건 내가 충분히 이해하지 못한 것이다. 그래서 토론을 하면 나의 수준을 알 수 있고 나의 수준을 엄청나게 높일 수 있으며 나의 아군을 만들고 함께하는 친구들을 만들 수 있다. 함께 공부하는 친구들은 경쟁자가 아니라 협력자다. 공부해가는 과정에서 경쟁을 경험하기보단 협력을 경험하는 것이 능력을 키우는 데 더욱 효과적이다. 다른 이와 함께 하는 과정에서 자신의 역할을 충실히 해내는 과정은 일찍 시작할수록, 몸에 밸수록 좋다.

공부의 시작은 내가 못 푸는 문제를 만날 때다. 각자의 수준에서 못 푸는 문제를 만났을 때 어떻게 하는가가 능력을 키우는 데 있어 아주 중요하다.

공부의 본질로 이끄는 시험

이 모든 과정 매 순간순간마다 스스로 해내는 성취감을 느끼도록 해야
한다. 이 과정은 큰 성공을 위한 작은 성취감의 여정이어야 한다. 반드시
'내가 스스로 해야 하는구나', '내가 스스로 해내면 즐겁구나', '이 공부는
정말 나를 위한 공부구나'를 스스로 느끼게 해야 한다.

이렇게 토론이 끝나면 그 토론한 주제에 대해 시험을 본다. 토론한 문제에서 8문제 그 주제의 최근 문제 2문제로 구성한다. 준비된 아이부터 시험지를 달라고 하면 시험이 시작된다. 시험 시간은 무제한이다. 다 맞추면 집에 간다. 다 풀고 나에게 오면 마지막 한 문제가 남기 전까진 틀린 개수만 알려주고 어느 문제가 틀렸는지 알려주지 않는다. 그래서 다 풀고 나에게 왔는데 내가 3개라고 하면 한숨을 쉬며 간다. 모조리 다시 풀어봐야 하기 때문이다.

대부분 이 시험을 처음 보게 되면 3시간은 기본이다. 5시간 동안 풀기도 한다. 계속 다시 풀고 잘못된 부분을 찾고 검토하고 몇 번씩 반복한다. 조금 하다가 보내주겠지 하다가 내가 정말 보내주지 않고 자신이 정말 스스로 해내야 한다는 것을 깨닫게 되면 그 시험지를 보는 태도가 달라진다. 그 과정에서 자신의 고질적인 습관이 고쳐지고 좀 더 정확하게 보는 습관이 생긴다. 결국 스스로 해내면 엄청 뿌듯함을 느낀다. 그러면 느낀 점을 쓰게 한다. 그러면 보통 A4 한 장 가득 쓴다. 성취감이 상당하다.

이렇게 한번 시험을 보면 다음 수업과 토론 때 문제를 보는 태도가 달라진다. 좀 더 정교하게 해결하려고 하고 어떻게든 스스로 해 내려고 노력한다. 토론할 때 조금이라도 더 많이 말하려고 한다. 말해본 것이 자신의 것으로 많이 남기 때문이다. 이게 시험에 나오면 집에 못 가기 때문에 어떻게든 해 내려 한다.

그러면 처음 시험은 3시간이었지만 다음 시험은 2시간, 그 다음 시험은 1시간 이렇게 줄어든다. 성취감은 더욱 올라간다. 그러면 난 난이도를 높이지만 여전히 잘 해낸다.

이 과정을 1년간 소화하면 시작할 때 인수분해도 못하던 아이도 모의고사에서 80점대는 받게 된다. 점수가 향상된 것보다 더욱 중요한 것은 공부에 대한 태도가 달라졌다는 것이다. '내가 할 수 있을까'에서 '할 수 있구나'를 거쳐 '해내면 재밌구나'를 느끼고 '난 더 잘 할 수 있구나'라고 자신을 다르게 보기 시작한다.

이 모든 과정 매 순간순간마다 스스로 해내는 성취감을 느끼도록 해야 한다. 이 과정은 큰 성공을 위한 작은 성취감의 여정이어야 한다. 반드시 '내가 스스로 해야 하는구나', '내가 스스로 해내면 즐겁구나', '이 공부는 정말 나를 위한 공부구나'를 스스로 느끼게 해야 한다. 이렇게 느낀 감정은 이 아이의 일생에 영향을 끼친다. 지금의 학교 공부가 단지 옆 친구와 경쟁하거나 그저 대학교를 들어가기 위한 통과수단이라면 이 공부는 자신의 능력을 눈치채게 한다.

사회에 나가서 필요한 문제를 바라보는 태도를 바꿔주고 문제 해결 능력을 키워 자신에게 일어나는 문제를 스스로 해결하게 된다. 옆의 친구와 함께 문제를 해결하는 과정을 익히고 함께하는 능력을 키운다. 이 능력을 연대감이라고 한다. 단절된 개인이 자신을 교육하면서 제대로 된 individual이 되어가면서 다른 이와 서서히 연결됨을 느낄 때 생기는 능력이다. 이 연대감이 우리 학원에서 졸업하는 학생들이 가져야 할 첫 번째 덕목이다.

이렇게 수업 -> 토론 -> 시험을 보고 다시 수업을 들으면 그 수업 활동은 그 전보다 좀 더 안쪽으로 향한다. 예전의 공부가 계속 반지름 같은 원운동이었다면 이 과정은 그 반지름을 계속 줄여 회오리가 되게 한다. 점점 그 반지름은 안으로 줄어들어 스스로 의미를 찾기 시작한다. 난 이 공부를 왜 하지? 이 공부는 나에게 어떤 의미지? 점점 원하는 자신의 모습을 만들어나간다. 예전보다 자신의 달라짐을 알아챈다. 매주 보람과 의미가 차곡차곡 쌓인다. 점점 공부가 본질로 향해간다. 이 과정은 자신이 점점 더 잘 해낼 수 있음을 기대하게 되어 삶을 용수철의 윗부분으로 올라가게 만든다.

매주 매주 아이들은 그렇게 자신이 원하는 자신을 만들고 행하고 느끼며 성장한다. 능력적 독립에서 가장 중요한 것은 이 능력을 누가 만들어준 것이 아니라 나 스스로 만들었다는 자각이다. 내가 필요해서 스스로 연습해서 가지게 되었다고 생각되어야 한다. 그리고 이 과정에서 자신에게 이 공부가 필요하고 도움이 된다고 알게 하는 역할이 바로 코치의 역할이다. 학생 스스로 학생과의 예술적인 관계를 통해 코치의 본보기를 경험함으로써 스스로 자신을 만들어 가야 한다.

이성적 독립을 하는 과정

이젠 이성적 독립을 할 때다. 이성적 독립이란 어떤 상황에 대해 자신의 의견을 가지고 말할 수 있고 그 상황에 대해 다른 이와 대화를 나눌 수 있으며 그 사람의 의견을 일방적으로 받아들이거나 자신의 의견을 일방적으로 상대방에게 주장하지 않는 선을 가진 상태이다. 대부분의 고등학생은 어떤 상황에 대한 지식이 많지 않다. 책을 읽는 과정이 일반 고등학교 과정에선 전혀 없다. 그래서 내 학원에선 이성적 독립을 위해 책을 읽는다.

한 주에 한 권을 읽고 주말에 토론한다. 그리고 그 책에 관한 내용과 자신의 의견을 블로그에 작성한다. 책은 내가 읽고 선정한다. 한 가지 주제를 정하고 그 주제의 다른 관점을 가진 여러 책을 선정한다. 처음엔 '교육'에 관한 책을 읽는다. 이 책에는 공부의 이유가 들어있다. 공부의 이유에 대한 여러 다른 관점을 살펴보고 자신의 선택지로 넣는다. 처음 책을 읽을 때와 비교해 같은 주제의 다른 관점을 4권쯤 읽을 때가 되면 제법 자기의 의견을 말하기 시작한다.

처음엔 이런 책들이 재미없고 무슨 소린지도 잘 모르는데 두 번째 책부터 전 책과 비교가 되면서 조금씩 재미가 난다. 네 권 정도 읽으면 그 내용이 아이 속에 들어가 그 아이만의 의견으로 만들어져 나온다. 그래서 아이가 오면 내가 처음 하는 질문인 "넌 공부 왜 해?"라는 질문에 자신의 의견을 말할 수 있게 한다. 자신에게 적용하지 못하는 공부는 공부가 아니라고 했다.

책을 읽었는데 그냥 내용만을 말하는 것은 책을 읽은 것이 아니다. 그 지식은 그냥 나에게 잠시 머물렀다 사라지는 휘발성 지식이다.

두 번째 주제는 '공부하는 방법'이다. 역시 4권 정도 읽는다. 이 과정에는 자신을 바라보는 관점이 들어있다. 자신을 재능이 정해진 사람으로 보는 것과 계속 변해가는 사람으로 보는 것은 아주 큰 차이가 난다. 노력을 어떻게 해야 하는지도 들어있다. 의식적이지 않은 노력은 노동이다. 의미 없는 공부를 반복하면 그저 그 공부를 하지 않아도 될 때 그 공부를 더는 하지 않아도 된다는 해방감만 느낄 뿐이다. 지금 세상은 죽을 때까지 자신을 성장시키기 위해 공부해야 한다. 제대로 배우는 방법도 배워야 한다.

세 번째 주제는 '4차 산업혁명'이다. 직업이 뭐가 있는지도 모르는데 진로를 결정한다는 것은 말이 안 된다. 어떤 직업이 없어지고 어떤 직업이 새로 생겨나는지 알아야 한다. 세상이 어떻게 변해가는지 알아야 한다. 중국부터 에스토니아, 인도, 베트남, 독일, 미국 순으로 나라별로 어떻게 이 '4차 산업혁명'을 받아들이고 활용하는지 알아간다. 아이들은 중국만 읽어도 깜짝 놀란다. 중국이 이런 나라라고? 지금 10대의 중국에 대한 인식은 최악이다. 그래서 더 놀란다. 그렇게 세계를 돌고 오면 이제 한국을 본다. 죽은 것을 볼 때는 그 개별 상황을 보는 게 아니라 그 뒤에 숨겨져 있는 법칙을 보아야 한다. 4차 산업혁명에서 중요한 것은 자율자동차가 돌아다니고 로봇이 배달하는 것이 아니라 그 뒤에 숨겨진 법칙을 찾아내고 그 법칙을 나에게 적용해 보는 것이다. '되어가다, 인지화하다, 흐르다, 화면보다, 접근하다, 공유하다, 걸러내다, 뒤섞다, 상호작용하다, 추적하다, 질문하다, 시작하다' 같은 숨겨진 법칙을 알고 그 법칙을 세상에 적용해서 바라보면서 서서히 세상의 변화를 자신에게 적용해 본다. 난 아이들이 한국보다 더 큰 무대에 가길 원한다. 중국을, 베트남을, 인도를 자신의 무대로 만들길 원한다. 자신에게 가장 잘 어울리는 곳에서 자신만의 직업으로 세상에 이바지하며 존재하길 바란다.

마지막으로 '돈 버는 법'을 배운다. 아직도 아이들은 좋은 회사에 들어가 월급을 많이 받으면 잘 사는 줄 안다. 노동으로 버는 돈과 자본으로 버는 돈을 배운다. 왜 사람들이 부동산, 부동산 하는지 알게 된다. 잠을 자도 돈을 버는 사람들을 배운다. 앱을 사용하면서 자신이 그 앱에서 어떤 역할을 하는지 배운다. 카카오톡을 사용하면서 우리는 사용료를 안 내는 대신 어떤 역할을 하고 있는지 알게 된다. 마케팅이 무엇인지, 본질을 파는 것이 무엇인지 알게 된다. 그래서 결국 자기가 원하는 자신을 만들고 그 자신을 세상에 보여주는 것이 본질임을 알게 된다. 보여줄 자신을 만드는 것이 공부이자 최고의 마케팅임을 알게 된다.

이 과정을 통해 매일 매일 조금씩 글을 읽고 토론하고 글을 쓰면서 글에 대한 이해력이 좋아진다. 읽은 글이 내 안에만 머무는 것이 아니라 순환된다고나 할까. 내가 읽은 내용이 나를 통해 재생산되어 다른 이와 섞이고 다시 나에게로 돌아온 내용을 글로 다시 정리한다. 이 과정에서 글을 읽는 것보다 다른 이와 의견을 나누고 글로 표현하는 것이 더욱 중요하다. 그러면서 이해능력이 향상된다.

이런 이해능력이 향상되면 비단 성적만 좋아지는 것이 아니라 세상에 대한 이해도, 세상을 보는 눈도, 자신에 대한 이해도, 그리고 삶에 대한 태도도 달라진다. 결국 이번에 1학년 때부터 책을 읽은 아이들 모두가 수능 국어에서 1, 2등급을 받았다. 하지만 이 과정에서 받은 성적보다 난 아이들이 본인의 모습대로 성장했다는 게 더 좋다. 처음보다 자신을 더 잘 설명하고 이 과정에서 무엇을 얻었는지 말하는 모습이 참 좋다.

이성적 독립이란 어떤 상황에 대해 자신의 의견을 가지고 말할 수 있고 그 상황에 대해 다른 이와 대화를 나눌 수 있으며 그 사람의 의견을 일방적으로 받아들이거나 자신의 의견을 일방적으로 상대방에게 주장하지 않는 선을 가진 상태이다.

감성적 독립을 하는 과정

감성적 독립은 내가 느낀 감정을 스스로 표현할 수 있고 상대가 느끼는 감정을 이해할 수 있으며 상대의 감정이 함부로 나에게 넘어오지 않도록, 그리고 나의 감정이 상대에게 함부로 넘어가지 않도록 선을 가진 상태이다. 우리나라 중고등학교 과정에서 가장 약한 부분이다. 고등학교에 진학하면 아무도 아이의 감정을 들여다보지 않는다. 본인도 본인의 감정을 잘 들여다보지 않는다. 하지만 이때의 감정은 후에 이성체의 완성을 위해 충분히 표현되어야 한다.

난 감성적 독립을 위해 주말마다 감정카드를 이용해 질문한다. "한 주 어땠어?" 그리고 한 주 동안 있었던 일을 감정을 표현하며 말하게 한다. 이 활동을 함께 해 보면 아주 놀라운 현상을 경험한다. "기억이 안 난다. 한 주가 기억이 안 난다. 지난주와 비슷했다. 별일 없었다"라고 한다. 그러면 난 작은 것도 괜찮으니까 기억해보라고 한다. 그러면 조금씩 얘기하기 시작한다. 처음엔 감정카드를 선택할 때 보통 3장 정도 선택한다. 이번 주에 기억나는 감정이 3가지란 얘기다. 하지만 이 과정을 한 달 정도 하면 가져가는 카드는 엄청나게 늘어난다. 처음에 3장 가져간 애가 맞나 싶을 정도로 기억하는 감정이 많아진다.

내가 주도하지 않은 일은, 내가 선택하지 않은 느낌은, 감정은 기억이 안 난다. 길을 가다가 치킨 냄새가 나서 치킨 먹고 싶다는 건 생각이 아니다. 그건 주변에서 주어진 자극에 대한 반응일 뿐이다. 생각이란 건 내가 집중해서 의도적으로 선택한 것이다. 대부분 사람은 한 가지 생각을 1분 이상 집중해서 지속하지 못한다. 자꾸 다른 생각이 끼어든다. 그래서 대부분 사람은 하루 동안 생각을 거의 하지 않는다. 그래서 "한 주 어땠어?"라고 하면 기억나는 일이 별로 없다. 이 질문을 엄마들에게 하면 한참 생각하더니 엄청나게 쏟아낸다. 의식적으로 무언가를 챙겨야 하는 사람들은 많은 부분을 기억한다.

"네가 기억나지 않는 건 주도적으로 한 일이 별로 없었기 때문이야. 다음 주에는 의식적으로 행동을 하려고 해봐. 그런 다음 주의 너는 더욱 풍부한 감정을 느끼고 기억하게 될 거야."

그리고 다음 주가 된다. 정말 많은 감정카드를 가져간다. 본인도 신나서 막 떠든다. 처음엔 5분도 말하기 힘들어하더니 혼자서 30분을 떠든다. 우리나라는 아무도 고등학생한테 한 주가 어땠는지 묻지 않는다. 본인도 본인한테 한 주 어땠는지를 묻지 않는다. 의미 없이 보낸 한 주들이 너무 많아서, 이미 텅 비어 버리게 보내는 시간에 익숙해져서 그게 익숙하다. 하지만 이 작은 활동으로 아이는 풍부한 감정을 느끼고 표현하는 아이가 된다. 그렇게 자신의 감정을 충실히 표현한 아이는 다른 아이가 감정을 표현할 땐 그 감정을 정말 잘 들어준다.

이 과정에서 나는 그 아이들이 모두 감정을 얘기할 때 정말 충실히 듣는다. 그럼 이 아이들은 다른 아이가 말할 때 꼭 나처럼 듣는다. 같은 상황이 오면 나처럼 행동한다. 저절로 배운다. 어느 정도 익숙해지면 이런 상황을 설명해준다. 이것이 내가 가르치지 않고 가르치는 것이다. 본보기를 보여주고 저절로 흉내 내게 한다. '잘 듣고 공감해줘'가 아니라 본인한테 그렇게 대하면 그도 다른 이에게 그 모습을 보이게 된다. 어느 순간이 지나면 이 과정에서 처음엔 감정을 느끼고 표현하는 것이 중요하지만 좀 더 지나면 다른 이가 표현할 때 경청하고 공감하는 과정이 더 중요하다고 말해준다. 그러면 한 명이 말할 때 나머지 아이들은 경청하는 방법을 배우게 된다.

이 과정에서 가장 중요한 것은 자신에게 솔직해야 한다는 것이다. 그래야 배운다. 화났는데 안 났다거나 짜증 났는데 안 났다고 하면 거기서 더 나아가지 못한다. 노자가 도덕경에서 무위자연(無爲自然)이라고 했다. 여기서 위는 행동할 위가 아니라 거짓으로 하는 행동이란 뜻이다. 그래서 무위자연이란 거짓이 없으면 스스로 그렇게 된다는 뜻이다. 솔직해야 한다. 그래야 자신이 원하는 모습으로 나아가게 된다.

감정을 표현할 땐 1차 감정과 2차 감정이 있다. 어떤 일 때문에 화가 나지만 시간이 좀 흐르면 화라는 감정은 조금은 누그러진 다른 감정으로 변한다. 이렇게 처음 느낀 감정을 1차 감정, 시간이 지나 느낀 감정을 2차 감정이라 하는데 어떤 일에 대해 1차 감정을 느꼈을 때 얼마나 의도적으로 2차 감정으로 전환하는가가 중요하다. 그 과정에서 한숨을 크게 쉬거나 스스로 '내가 화가 났나?'라고 묻게 되면 화가 누그러진다. 그러면서 화가 났지만 금방 '아니야. 걔가 무슨 다른 사정이 있었을 거야'라고 생각하며 다른 감정을 선택하면 그 일은 화낼 일이 아니게 된다.

이런 연습을 매주 해나가다 보면 아이들은 좀 더 풍부한 감정과 기억과 같은 상황에서 예전과는 다른 감정을 가지게 된다. 서서히 감정은 선택하는 것이라는 것을 알게 되고 연습하게 된다. 성장은 감정을 통해 시작된다. 낮은 감정은 성장을 방해한다. 서서히 같은 상황에서 높은 감정을 선택하는 모습을 경험하면서 서서히 성장한다. 별것 아닌 일에 놀라워하고 감동하고 감탄한다. 가슴 중심은 경외감을 먹고 산다. 멋지다. 훌륭하다. 굉장하다. 나도 저렇게 되고 싶다. 같은 감정만이 가슴 중심을 움직인다. 앎이 삶이 되는 과정은, 내가 아는 것을 살아내는 것은, 정말 흥분되고 즐거운 모습이다.

성장은 감정을 통해 시작된다. 낮은 감정은 성장을 방해한다. 서서히 같은 상황에서 높은 감정을 선택하는 모습을 경험하면서 서서히 성장한다.

사람을 이해하는 과정

글을 읽을 때 자신에게 잘 읽히는 글과 잘 읽히지 않는 글이 있다. 자신과 비슷한 글은 잘 읽히고 자신과 비슷하지 않은 글은 잘 읽히지 않는다.

글의 종류는 2가지이지만 글을 대하는 방식에 따라 사람들은 5가지로 구분된다. 처음은 고정형이다. 자기 생각과 비슷한 글만 좋아한다. 자기 생각과 다른 글은 읽기 싫어한다. 이런 사람들은 주변 사람들을 볼 때도 비슷하게 본다. 자기 생각과 비슷한 사람을 만나면 대화가 통하는 사람이라고 생각한다. 자신과 생각이 다르거나 자신의 이야기를 들어주지 않으면 그 사람은 대화가 통하지 않는 사람이다.

두 번째는 논리과정형이다. 논리적으로 차분하게 이해시켜주면서 진행하는 글을 읽는 것을 좋아한다. 평소 말할 때도 논리적으로 말하고 잘 이해시켜준다. 그래서 반대로 논리적이지 않거나 이해가 잘 안 되는 감정 위주의 글을 잘 읽지 못한다. '이 상황에서 왜 이렇게 행동해? 이해할 수 없어'라고 하며 이해되지 않는 상황을 싫어한다. 이런 사람들은 평소 대화할 때도 본인만 느낄 수 있는 감정적인 단어보단 누구나 이해할 수 있는 단어로 담백하게 말을 한다. 공감을 잘 못 한다는 말을 듣기도 한다.

세 번째는 행동형이다. 생각을 많이 하지 않고 직접 해 보려고 한다. 이런 사람들은 요약된 글을 좋아한다. 첫 번째는 이렇고 두 번째는 이렇게 하라고 말해주는 글이 좋다. 반대로 장황하게 길거나 필요 없는 내용이 많은 글을 싫어한다. 평소 사람들을 만날 때도 장황하게 설명하거나 자신만 알 수 있는 내용을 말하는 사람과 대화가 잘 안 통한다.

네 번째는 감정형이다. 과정과 그때 느껴지는 감정이 중요하다. 시작하자마자 결과를 말하는 것을 좋아하지 않는다. 그 글에서 느껴지는 감정을 함께 느끼는 것을 좋아한다. 담백하게 지식만을 써 내려가는 글을 좋아하지 않는다. 대화할 때도 자신의 감정을 과정과 함께 길게 말한다. 자신의 감정을 말할 때 같이 공감해주는 사람을 좋아한다.

다섯 번째는 유동형이다. 이래도 좋고 저래도 좋다. 단정적으로 말하는 글을 좋아하지 않는다. 여러 가지로 해석되는 글을 좋아한다. 사람을 대할 때도 이 사람도 맞고 저 사람도 맞을 수 있다고 생각한다.

고등학생이 되면 어떤 글이 잘 읽히고 어떤 글은 잘 안 읽힌다. '나는 비문학을 잘 못 읽겠어. 난 문학을 못 읽겠어.' 이럴 때 본인의 스타일을 볼 수 있다. 가치형이나 논리형은 비문학을 잘 읽는다. 감정형과 유동형은 문학을 잘 읽는다. 행동형은 긴 글을 싫어한다.

그래서 자신이 잘 읽지 못하는 글을 잘 읽는 연습을 할 필요가 있다. 그리고 자신이 잘 읽지 못하는 글을 잘 읽게 되면 자신과 다른 사람들을 이해하거나 공감할 수 있게 된다. 예전엔 자신의 감정을 얘기하는 것이 대화인 줄 알았지만 점점 상대를 이해시켜가면서 대화하는 방법도 중요하다고 생각한다.

상대를 이해시켜주지 않아도 '그저 그렇게 느끼고 있구나'라고 받아들이는 방법도 필요하다고 느낀다. 요약해주는 것이 무언가를 명확하게 알려줄 땐 굉장히 효율적이라는 사실을 알게 된다. 어떤 일을 할 때 있었던 과정을 감정과 함께 말하는 것이 그 상황을 더 현장감 있게 말하게 되는 과정임을 경험한다. 나와 의견이 다른 이의 의견을 듣는 것이 나의 사고를 확장하는 과정임을 발견한다.

국어를 공부한다는 것은 문법 지식을 머리에 넣는 것이 아니다. 글을 잘 읽을 수 있도록 훈련하는 것이다. 그리고 여러 가지 종류의 글을 잘 읽게 되면 여러 종류의 사람을 이해하거나 공감할 수 있게 된다.

그래서 2학년이 되면 감성적 독립을 위해 문학을 읽는다. 어떤 상황에서 등장인물이 어떻게 느꼈는지 이해하려 하지 말고 받아들이는 연습을 한다. 그리고 여러 사람과 그 과정을 이야기해본다. 여러 사람의 정말 많은 다른 자신만의 이야기가 나온다.

나는 비문학과 문학 토론을 다르게 진행한다. 이 방법은 손정연 님에게 배웠다. 나는 문학 독서 토론을 할 때는 내가 주인공이 돼서 진행하지 않는다. 모든 참가자가 주인공이 되도록 진행한다. 도구는 참가자가 이 책을 읽고 감명받은 구절과 상황이다. 참가자 중 한 명이 이 책에서 감명받은 구절 여러 개를 쓰면 다른 이들이 그가 쓴 구절 중에서 하나를 골라간다. 그리고 다른 이들이 그 구절에 대해 자기 생각을 말하면 맨 나중에 그 구절을 쓴 이가 그 구절이 감명 깊었던 이유를 말한다. 충분히 대화하면 다른 이가 쓴 구절로 넘어간다. 나는 진행만 시킬 뿐 내 생각을 주입하지 않는다.

다들 책 구절 이야기를 한다고 생각하지만 사실 그 구절을 통해 본 자신을 이야기한다. 책 얘기를 하는 과정처럼 보이지만 사실은 자신을 이야기하고 있다. 서로 자신의 이야기를 하며 놀랜다. 같은 책을 읽었지만 감명 깊은 구절이 이렇게 다를 수 있음에 놀라고, 같은 구절에서 이렇게 다르게 느낄 수 있음에 놀라고, 그 구절에서 자신의 모습을 찾아서 더 놀란다.

문학을 읽고 자신의 이야기를 계속하면 감정이 풍부해진다. 다른 이를 공감하는 때도 많아진다. 다른 이를 볼 때 문학을 읽는 것처럼 바라본다. 모든 이가 문학책처럼 보인다. 하나의 이야기처럼 보인다. 사람이 도서관이다. 사람에게서 그만의 진실을 찾아내 공감한다. 그렇게 사람을 보는 법을 배운다. 이것이 감성적 독립으로 가는 과정이다.

문학을 읽고 자신의 이야기를 계속하면 감정이
풍부해진다. 다른 이를 공감하는 때도 많아진다. 다른 이를
볼 때 문학을 읽는 것처럼 바라본다. 모든 이가 문학책처럼
보인다. 하나의 이야기처럼 보인다. 사람이 도서관이다.
사람에게서 그만의 진실을 찾아내 공감한다. 그렇게
사람을 보는 법을 배운다.

뉴 패러다임 행사

그 사람의 지금을 보고 그 사람을 느껴보는 만남은 당사자의 인생
전체를 바꾼다. 하루에 단 10분이라도 누군가가 자신을 그렇게 바라보고
함께 하면 세상 그 어떤 일도 이겨낼 수 있다.

공부함에 있어 어쩌면 가장 중요한 과정은 바로 사람과의 만남일지 모른다. 이 과정은 단체로 어떤 유명한 이를 강연으로 만나는 과정과는 다르다. 그것은 개인적으로 서로 서로의 삶을 얘기하면서 함께 한 공간에 있는 것이다. 그 사람의 지금을 보고 서로를 느껴보는 과정은 책을 보거나 동영상을 보거나 문제를 푸는 것보다 훨씬 중요하다.

하지만 많은 아이는 앞에 앉은 사람의 지금을 보고 서로를 느껴보는 과정을 경험해 본 적이 별로 없다. 어색하면 스마트폰을 보거나 집에 가고 싶어 한다. 자기 자신의 지금을 봐주고 지금 자신을 느껴보려는, 다른 이를 접해보지 못한 아이는 다른 이의 지금을 보거나 다른 이를 느껴보려고 하지 않는다.

그래서 나는 1주일에 한 번씩 독서 토론을 하고 아이들끼리 토론을 하게 하면서 대화를 유도한다. 그 아이의 지금을 보고 그 아이를 느끼며 그 아이의 이야기를 듣는다. 그러면 그 아이도 다른 아이가 말할 때 그 아이의 지금을 보고 그 아이를 느끼며 그 아이의 이야기를 듣는다. 내가 그 아이에게 가장 좋은 교재다. 내가 그렇게 바라보면 그도 나를 그렇게 바라본다. 내가 그렇게 바라보면 그도 다른 이를 그렇게 바라본다. 내가 그렇게 바라보면 그도 세상을 그렇게 바라본다. 그렇게 그 아이의 사람에 대한, 세상에 대한, 그리고 자신에 대한 태도가 달라진다.

그리고 1년에 한 번씩 졸업한 선배들을 만나게 한다. 아이들에게 만나고 싶은 직업을 가진 선배가 있는지 묻고 그런 선배를 수소문해 그 아이의 앞에 앉힌다. 대개 이런 관계로 만난 선배들은 후배들을 굉장히 사랑스럽게 보게 마련이다. 어떻게든 이야기를 더 듣고, 어떻게든 도움을 주려고 한다. 자신에게 하는 그런 모습은 아이들에게 각인된다. 그리고 그 모습은 언젠가 자신의 방법으로 다른 어린 후배에게 재생한다.

나는 아이들에게 선배들의 명함을 받고 한 달 안에 개인적으로 다시 찾아가 밥을 얻어먹고 오라는 미션을 준다. 그 미션을 달성하면 그 아이의 인맥에 그 선배가 들어온다. 물론 그 선배의 인맥에도 그 아이가 들어간다. 운이 좋으면 그 선배는 취직이라던가 인생의 전반적인 도움을 받을 수 있는 선배가 될 수도 있다.

우리 학원에선 이 행사를 뉴 패러다임 행사라고 부른다. 패러다임이란 이 시대에 당연하다 인식되는 사실을 말한다. 교육의 목적 중 하나는 사람으로서 마땅히 해야 할 일을 당연하다 여기게 하는 것이다. 사람이란 서로서로 도움을 주며 사는 존재라는 것을 경험으로 알게 해 주고 싶었다. 이게 당연한 과정임을 알게 하고 싶었다. 그래서 자신도 도움을 받고 도움을 주는 존재라는 것을 알게 하고 싶었다. 지금은 여러 사람에게 도움을 받지만 나중엔 나도 저렇게 도움을 주는 사람이 되길 원하게 하고 싶었다. 어쩌면 당연하지만 요즘은 보기 드문, 이 과정을 새롭게 경험하게 해 주고 싶었다. 그래서 뉴 패러다임 행사다.

어떤 이를 만났는가에 따라 만나는 과정 중에도 사람은 성장한다. 하지만 어느 교육기관도 이 과정을 중요하게 여기지 않는다. 그래서 이를 위한 과정도 없다. 단체로 유명한 사람을 보거나 동영상을 시청하는 과정은 그 어떤 이도 성장시키지 않는다. 만일 그걸 계기로 어떤 이가 성장했다면 그건 그 과정이 훌륭해서가 아니라 그 어떤 이가 좋은 제자였기 때문이다. 좋은 제자는 그 누구에게도 배운다. 이건 우연이다.

교육자는 명확한 의도를 가지고 과정을 안내해야 한다. 이 과정을 통해 학생들이 어떤 경험을 하고 어떤 느낌이 들고 어떤 성장을 할지 목표를 명확히 하고 안내해야 한다. 방향이 없고 의도가 없는 교육은, 지식만, 방법만 전달하는 교육은 그냥 '내 말대로 해'라는 의도밖엔 없다. 이유도 모르면서 수학 문제를 재빨리 풀 수 있는 능력을 갖춘 사람은 그냥 기술 좋은 노비일 뿐이다. 자신의 이유로 행동하지 않으면 자유가 없는 사람이다. 자신의 이유가 없는 사람은 노예다. 방향이 없고 의도가 없는 교육은 노예가 노예를 만드는 격이다.

그 사람의 지금을 보고 그 사람을 느껴보는 만남은 당사자의 인생 전체를 바꾼다. 하루에 단 10분이라도 누군가가 자신을 그렇게 바라보고 함께 하면 세상 그 어떤 일도 이겨낼 수 있다. 세상 모든 사람은 자신만의 전쟁 중이다. 내가 만나는 모든 사람에게 단 10분이라도 이 세상에 단 하나뿐인 소중한 존재처럼 그 사람의 지금을 보고 그 사람을 느껴보라. 그 전쟁 중인 사람이 훗날 그 휴식 같은 순간 덕에 더 많은 일을 해낼 것이다.

'나다움'으로 가는 공부 과정

나다움이 앞으로의 삶을 살아갈 가장 강력한 무기이다. 나다움을 찾기 위한 가장 중요한 마음가짐이 바로 솔직함이다. '싫으면 싫다. 좋으면 좋다. 난 이럴 때 즐거워!'를 찾아내는 과정에 나다움이 나온다.

보통 학원이나 학교는 이런 과정으로 공부라는 것을 한다.

G. 일정한 공부 습관 형성과 수업 듣기

F. 내신성적 향상과 원하는 대학 선택

F라는 목표를 위해 일정한 공부습관을 형성하려고 관리형 학원에 보낸다. 지식을 주입받고 그대로 수행한다. 그리고 성적에 맞는 대학에 간다. 그러나 이 과정은 지금을 살아갈 이 아이의 미래에 1도 도움이 되지 않는다. 그리고 이런 지식을 주입받고 그대로 인출하는 과정은 누구나 하는 과정이고 누구나 하는 이 과정으로, 이 과정을 잘 해내 온 아이를 이길 순 없다.

우리나라는 이미 선진국이다. 다른 나라를 따라가는 과정에 있지 않다. 예전처럼 말 잘 듣는 노동자를 만드는 때가 아니다. 새로운 길을 걸어가야 한다. 한 사람 한 사람이 자신만의 길을 걸어야 한다. 대학이 직업을 만들어주지 않는다. 스스로 어떤 사람인지 집중해서 만들어가고 그 나다움으로 살아가야 한다. 개천에서 각자만의 용이 나와야 한다.

E. 책 읽는 습관과 대화와 토론을 통한 다양한 지식습득

D. 공부 능력의 향상과 공부하는 즐거움

C. 수능의 성공과 원하는 대학 선택

B. 인공지능과 로봇시대에 맞는 직업에 관한 생각과 갖추어야 하는 나다움

A. 삶에 대한 올바른 태도와 인생에 관한 생각과 오래 볼 좋은 사람들

난 E부터 시작한다. 보통 책을 읽기 시작하면 석 달 정도 안에 자신의 공부 목표를 찾거나 만들어낸다. 그리고 지식의 습득이 책 읽기와 수업 듣기가 아니라 그걸 익히고 다른 이와 나눌 때 비로소 습득되고 더 발전된다는 것을 경험한다.

그러면 D의 공부 능력이 무엇인지 알게 된다. 인생에서 대부분의 일은 준비된 뒤에 벌어지지 않는다. 항상 갑자기 나타나며 그렇게 급작스레 만난 나의 상황을 어떻게 처리하는가가 삶이다. 그래서 삶에서는 어떤 일을 준비해서 처리하는 과정도 중요하지만 지금 이 순간 어떻게 할 것인가를 익히는 과정이 더욱 중요하다.

전 세계 학교에서 배우는 과목을 선행하는 나라는 극소수다. 독일을 비롯한 유럽에선 선행하면 뭔가 모자란 학생이라고 생각한다. 학생이 학교 교사가 처음 지식을 말해주는 그 순간을 중요하게 생각한다. 그 순간 그 지식을 듣고 스스로 이해하고 스스로 활용하는 과정이 지식 자체를 아는 것보다 더욱 중요하다고 생각한다. 그리고 공부 능력이란 바로 이 순간 그 지식을 듣고 스스로 이해하고 스스로 활용하는 능력이다. 책을 읽고 토론하고 자신의 글을 쓰고 수학 토론을 하면 공부 능력이 향상된다.

그러면 C를 할 수 있다. 그러나 지금 시대엔 C만으론 잘 살수가 없다. 그래서 책을 읽고 토론하며 공부 능력을 키우며 B를 의도한다. 나다움이 앞으로의 삶을 살아갈 가장 강력한 무기이다. 나다움을 찾기 위한 가장 중요한 마음가짐이 바로 솔직함이다. '싫으면 싫다. 좋으면 좋다. 난 이럴 때 즐거워!'를 찾아내는 과정에 나다움이 나온다. 나의 지금 상태를 알아야 앞으로 나아갈 수 있다. 그래야 내가 만들어 갈 나의 방향성이 생긴다. 내가 만들어 갈 '나'는 이런 사람이다. 이렇게 되어가고 싶다. 그리고 그 앎을 살아가면 그 앎은 삶이 된다.

그러면 A를 조금씩 알게 된다. 내가 원하는 '나'를 만들기 위해 살아가는 나의 삶이 올바른 삶의 방향이다. 내가 알고 있는 것을 살아내는 과정에서, 내가 원하는 '나'에게 집중하는 과정에서 삶은 점점 나의 본질로 나아가게 된다.

G와 F는 곧 인공지능이 하게 될 것이다. 단순한 지식이나 방법의 전달을, 행동의 통제를 교육이라고 하는 사람들은 모두 직업을 잃을 것이다. 그러나 E부터 A까진 인간의 몫이다. 진짜 교육이 인간의 몫이다. 지금의 직업 70%가 인공지능으로 대체될 것이다. 그러나 진짜 인간이 해야 할 일이 어떤 일인지 오히려 더 잘 알게 된 시대가 될 것이다. 인공지능과 진짜 인간이 해야 할 일이 더 많이 생겨날 것이다. 다른 이가 시키는 대로 해오던 것을 공부라고 하면 사회에 나가서는 인공지능의 명령을 듣게 될 것이다. 능동적인 사고를 통해 나다움을 만들어야 한다. 더는 단순 지식이나 방법만을 전달하는 과정을 교육이라 해선 안 된다.

인간의 발달에 맞게 교육하는 과정이
AI시대를 살아내는 방법이다

내가 원하는 '내'가 되려고 하는 과정이, 가장 나다운, 가장 나에게
필요한 행동이, 생각이, 지식이 내가 세상에 존재하는 방식이 되었다.

돈은 물건을 만들어 팔거나 서비스를 제공하거나 누군가를 위해 노동을 하고 벌었다. 게임을 하거나 자기만의 놀이에 빠지는 것은 철없는 아이 때나 하는 짓이었다. 좋은 대학에 가서 좋은 회사에 취직해서 많은 월급을 받으며 사는 것을 누구나 원했다. 그런 시절이 있었다.

AI가 등장했다. AI는 점점 인간이 하는 단순한 일들을 대신하기 시작했다. 운전사가 필요 없어졌다. 앱으로 부르면 택시가 왔다. 집에 있는 자율주행차는 시청에 등록해 두면 내가 쓰지 않을 때는 저절로 다른 이의 택시가 되어주었다. 가게엔 계산원이 없다. 가게에 가서 물건을 들고 문을 통과하면 알아서 계산되었다. 통역 안경을 쓰면 내가 원하는 언어로 통역해서 들려주었다. 건설노동자가 사라졌다. 집은 거대한 3D프린터로 지었다. 약사가 사라졌다. 약은 아침에 배변을 보면 그 성분을 파악해서 나한테 필요한 약이 바로 제조되어 제공되었다. 중간에 중개해주던 각종 중개인이 사라졌다. 은행 창구가 없어졌고 동사무소가 사라졌다. 야구가 끝나면 AI가 기사를 썼다. 내가 좋아하는 옛 영화배우를 그대로 재연한 가상배우가 연기를 한 영화가 흥행수익 1위에 올랐다. 앱으로 음식을 시키면 드론이 옥상의 내 집과 연결된 입구에 음식을 놓는다. 그럼 음식이 내 집 주방으로 옮겨진다. 냉장고는 내가 자주 먹던 샐러드가 떨어지자 다시 살지 물어본다.

게임을 켜서 어제 공략하던 지하 던전을 마무리했다. 던전을 공략한 플레이어 중에 최단 시간이었다. 그 동영상은 500만의 조회 수를 올렸다. 다른 이에게 예쁘게 보이는 게 좋아 시작한 화장이었다. 얼굴의 반을 연예인과 비슷하게 화장하는 영상이 크게 성공했다. 야구를 분석하면서 보는 걸 좋아했다. 그러다가 분석하면서 야구를 보는 과정을 영상으로 만들었는데 사람들에게 유명해지기 시작했다. 수학 문제를 파고드는 게 좋았다. 한 문제를 여러 가지 방법으로 푸는 게 재밌었다. 그걸 사람들과 공유했더니 입소문이 나기 시작했고 구글에 취직했다. 몸이 허약해 매일 팔굽혀펴기를 100개씩 하려고 했다. 그냥 두면 아까워 영상으로 남겼는데 6개월 뒤 의지박약을 고치는 강연을 했다. 사람들이 취미를 배우고 싶어 하는 거 같아 취미를 가르쳐주는 사이트를 만들었다. 이 회사는 5년 만에 시가총액 1조 원을 달성했다.

이제 세상은 얼마나 잘 노는가가 중요해졌다. 스스로 즐기고 재밌어하는 것이 무기가 되었다. 내가 원하는 '내'가 되려고 하는 과정이, 가장 나다운, 가장 나에게 필요한 행동이, 생각이, 지식이 내가 세상에 존재하는 방식이 되었다.

인류는 계속 진화하여 제대로 된 '나'를 만들려고 한다. 제대로 된 '나'를 만들지 않으려고 하는, 수동적이고 순간적인 삶을 살려고 하는 인간들은 저절로 도태되었다. 쓸데없이 3살 전에 한글을 가르치려 하지 않았다. 7살 전에 수학을 배우지 않았다. 더 많이 놀고 더 많이 기뻐했다. 정말 배워야 하는 지식과 활동을, 그 지식과 활동을 진정 좋아하고 날 아끼는 선생님에게 배웠다. 자신이 좋아하는 '자신'을 만들기 위해 노력하고 즐긴 행위가 내 '직업'이 되었다. 더 많은 인간이 더 즐거이, 스스로 정말 필요한 인생을 살기 시작했다. 자신의 인생 이유를 알고 자신만의 방향으로 향했다. 그렇게 인류는 진화했다.

내가 수업을 준비하는 방법

많은 강사가 무대에 서면 자신의 할 말을 하기 위해 노력한다. 뭔가를 속에 잔뜩 채워서 올라가 그것을 어떻게 하면 잘 쏟아낼까 고민한다. 잘 준비된 이야기를 잘 전달하려고 노력한다. 하지만 난 그와 반대로 한다.

나는 운이 좋게도 20대 때 명상하는 법을 배웠다. 명상이 몸에 밴 스승과 오랜 기간 함께 있었다. 그래서 명상을 왜 하는지, 어떻게 하는지가 다른 이들과 아주 다르다.

　　처음 내게 명상은 에너지를 느끼는 과정이었다. 온몸에 기를 느끼며 그 느낌에 젖어 든다. 그 느낌에 푹 잠기다 보면 어떤 느낌이 오는데 이 느낌이 올 때가 바로 뇌파가 알파파로 바뀔 때다. 이렇게 알파파를 만들고 그 느낌을 계속 느낀다. 기분이 아주 조금씩 좋아진다. 몸이 알아서 스스로 치료를 시작한다. 배에서 장기 여기저기에서 소리가 나면서 스스로 낫는다. 그 과정은 내가 의도한 것이 아니라 마치 나보다 더 뛰어난 치료사가 내 몸 안에 있어서 그가 알아서 치료하는 과정을 내가 지켜보는 것 같다. 단지 그에게 맡기면 알아서 치료한다. 그렇게 몸속에 길이 열린다.

　　그러면 그 길로 기가 돌아다니기 시작하는데 처음에는 얼굴에서 느껴진다. 돌아가신 스승은 우리가 얼굴을 얼굴이라 부르는 이유가 얼이 돌아다니는 굴이라고 해서 얼굴이라 하셨다. 그걸 경험하면 명확하게 안다. 그래서 얼굴이구나. 몸 안에서도 이런 길은 계속 발견되고 제멋대로 움직인다. 나는 다만 놀래지 않고 겁먹지 않고 지켜보기만 하면 된다. 그러면 뭔가의 변화가 생긴다. 그 변화는 한참이 지나서야 왜 그런 변화가 생긴 지 알게 되어서 좀 더 지났을 땐 왜 이런 변화가 생기는지 알아보려고도 하지 않게 되었다. 그저 구경하듯 느끼고 있으면 뭔가가 진행되고 그저 축복처럼 받아들이면 되었다. 이런 태도가 익숙해지면서 세상을 바라볼 때도 그저 받아들이게 되는 태도가 생겨났다.

그러다 스승이 돌아가시고 시간이 좀 지나 나의 명상은 더는 발전이 없이 거기에 머물러 있게 되었다. 더는 변화가 생기지 않게 되자 또 다른 스승이 있어야 하나 싶기도 했다. 그러다 슈타이너 책을 읽게 되었다.

슈타이너는 명상의 목적은 물질 외의 다른 것을 볼 수 있는 기관을 만드는 것이라고 했다. 그리고 그 방법은 정신을 개발하는 과정이라고 했다. 슈타이너의 방법은 정말 나에게 잘 맞았다. 그의 설명을 읽는 것만으로 성장한다는 느낌이 들었고 그건 사실이기도 했다. 내가 지금껏 해 오던 과정의 이유를 알게 되었고 앞으로의 방향도 알게 되었다.

내가 명상을 해 온 과정을 말하는 이유는 내가 강의할 때 나의 방법을 설명하기 위해서다. 많은 강사가 무대에 서면 자신의 할 말을 하기 위해 노력한다. 뭔가를 속에 잔뜩 채워서 올라가 그것을 어떻게 하면 잘 쏟아낼까 고민한다. 잘 준비된 이야기를 잘 전달하려고 노력한다. 하지만 난 그와 반대로 한다. 어떻게 하면 나를 비워낼 수 있을까 노력한다. 전달할 내용은 내가 만든 이야기니 잘 전달하려고 노력하지 않아도 된다. 그저 텅 비우고 올라가서 함께하는 이들을 바라보면 속에서 지금 해야 할 이야기들이 솟아난다.

그래서 그 이야기를 하면 수업이 끝나고 몇몇 이들이 "나 들으라고 한 얘기 같다. 정말 필요한 이야기를 들었다"와 같은 피드백을 받는다. 어떻게 하면 내가 의도하지 않고 그들이 내 속에서 샘솟게 할까 노력한다. 앞에서 말한 제대로 생각하기를 이렇게 사용한다. 내 속에 내가 전달할 내용으로 가득 차면 그들이 내 속에서 샘솟지 않는다. 그래서 내게 수업 준비란 나를 비우는 과정이다. 알파파가 나오게 하고 지켜본다. 에너지가 샘솟는다. 나눠줄 준비가 되어간다. 그러면 때가 되었다는 느낌이 오고 그때 난 시작한다.

앞에 서서 아이들을 바라본다. 초롱초롱한 눈으로 기대에 찬 눈으로 나를 바라본다. 지금부터 듣는 이야기는 저 사람만이 할 수 있는 이야기다. 저 사람만의 경험이다. 저 사람만의 시선이다. 저 사람의 이야기는 정말 큰 도움이 된다. 정말 좋은 이야기다. 이런 느낌이 나에게 전달이 된다.

이런 시선을, 이런 관계를 경험하게 되면 내가 교육자로서 무엇을 해야 하는지 명확해진다. 난 그들의 가능성을 끄집어내는 자이다. 나는 그들이 스스로 감동하게 만드는 자다. 나는 그들이 알아야 하는 내용을 나를 통해 체험하도록 하는 자다. 내가 하는 말을 행동으로 보여줌으로써 그들이 그들 스스로가 되도록 함께하는 자다. 기쁘다.

나의 성장이 모두의 성장이다

난 나의 성장이 내 주변 모두의 성장임을 안다. 매 순간 조금씩 어떨 땐 확 변한다. 그래서 지금도 삶이 즐겁다.

인간은 태어나서 시간이 지나면 저절로 외부와 단절된 '나'를 경험한다. 그 '나'라는 것은 내가 '지금' 의식한, 저절로 동일시한 바로 그것이 된다. 지금 본 것에, 들은 것에, 만진 것에, 맛본 것에, 여러 감정에 그리고 여러 생각과 동일시한다. 내가 발가락이 간지러워 발가락을 의식하면 나는 발가락이 된 것이다. 내가 맛난 음식을 먹으면 나는 맛난 음식 맛이 된 것이다. 내가 느낀 감정을 무시당하면 내가 무시당한 것 같고, 내 생각이 인정받지 못하면 내가 인정받지 못한 것 같다. 내 감정이 '나' 같고 내 생각이 '나' 같다. 하지만, 이 '나'라고 느껴지는 것은 단지 내가 인지한 것이지 '나'는 아니다.

인간은 이런 외부와의 단절된 '나'를 얻기 위해 진화했다. 인간의 하루는, 인간의 일생은, 인간의 진화과정은 모두 이 외부와는 단절된 '나'를 얻기 위한 과정의 경험이다. 이 '나'를 얻으면 외부와는 단절된 느낌이다. 제대로 이 단절된 '나'를 얻으면 이제 할 일은 다시 외부와 연결되는 것이다.

간혹 나를 잊고 어떤 것에 잔뜩 집중할 때가 있다. 그때는 대부분 놀랍거나 기쁘거나 대단하거나 무서운 감정과 함께 그것을 경험할 때다. 나를 잊고 그것에 집중할 때 '나'는 그것이 된다. "하늘이 너무 이뻐. 와, 하늘 좀 봐!"라고 할 때 나는 나를 인지하지 않는다. 하늘만을 인지한다. 그때 '나'는 하늘이 된 것이다. 시간 가는 줄 모르고 게임을 한다. 그때 나는 '나'를 인지하지 않는다. 나는 그 게임의 과정이 된 것이다. 이렇게 나를 잊고 외부의 어떤 것을 경험하면 나는 외부와 연결된다. 인간은 단절된 '나'를 얻기 위해 진화했지만 이 단절된 '나'라는 느낌을 잊을 때 많은 경우 행복해한다.

이 단절된 '나'란 느낌은 육체와의 연결감에서 온다. 이 느낌이 너무 강해서 다른 느낌도 육체의 연결감과 함께 온다. 마치 주변 빛이 너무 강해 별이 잘 안 보이는 밤에 주변 빛을 끄니 보이는 엄청난 별빛처럼, 주변 소리가 너무 커 들리지 않았지만 주변 소리를 끄니 들리는 날 부르는 소리처럼, 육체와의 연결감을 내려놓으면 다른 주변의 것들과 연결됨이 느껴진다.

먼 하늘의 빛과 저 너머 소리는 늘 있는 빛과 소리이지만 내 주변이 너무 밝아서, 너무 시끄러워서 듣지 못할 뿐이다. 육체의 연결감은 시끄럽고 삐걱거리는 느낌이다. 가라앉히고 가라앉히면 그래서 흙탕물의 불순물이 아래로 가라앉으면 비로소 보이는 맑은 물처럼 평소에 보이지 않고 들리지 않던 빛과 소리, 그리고 느낌이 나타난다. 육체감이 아닌 느낌을 인지하면 그 느낌이 '나'가 된다.

나이를 먹을수록 육체와의 연결감은 줄어든다. 어릴 때 육체로 인해 생긴 감정과 행동에 연결된 '나'란 느낌이 생각으로 옮겨간다. 이 과정은 익숙했던 육체와의 연결이 서서히 줄어듦에 따라 외롭다는 느낌을 동반한다. 그래서 인간은 나이를 먹으면 외로움이 커진다. 그러나 사실 육체와의 연결이 약해짐으로써 외부와의 연결을 느낄 가능성은 더욱 커진다. 그래서 나이 듦이란 육체에서의 자유다. 외부와의 연결을 통해 '나'의 자유를 느낄 수 있다. 하지만 사람에 따라 다르지만 많은 경우 40살이 넘어서는 이 방법을 새로 익히지 못한다. 그래서 30대 전에 외부와 연결하는 방법을 배워야 한다.

내가 외부와 단절된 '나'로 계속 남는가, 아니면 외부와 다시 연결되는 '나'로 갈 것인가란 나 스스로 진화할 것인가 머물 것인가라는 질문과 같다. 우리 주변에 있는 동물들은 진화하지 않기를 선택한 인간이다. 단절된 '나'를 얻지 않기로 선택한 인간이다. 단절된 '나'를 얻지 못하면 자유가 없다. 고양이는 사자가 되지 못한다. 돼지는 말이 되지 못한다. 인간만이 개처럼, 사자처럼, 고양이처럼 되기를 선택할 수 있다. 말로 태어난 이상 진화는 없다. 남은 건 그저 적응하기 뿐이다. 우리가 진화하기로 결정한 후 진화하지 않기로 결정한 인간을 보면 어떤 느낌일까? 지독하게 외로워 보일까.

개인은 an individual이다. 단절되지 않고, 나누어지지 않고 연결된 자이다. 다른 사람들과 주변 환경과 연결된 자다. 제대로 공부한 사람은 다른 이와 함께한다. 함께 하려고 노력한다. 공부하는 이유는 함께하기 위해, 성장하기 위해, 진화하기 위해, 외부와 다시 연결되기 위해 그래서 세상의 진실을 경험하기 위해서이다.

단어의 정의는 그 사람의 의식 수준에 따라 달라진다. 자유라는 뜻을 사람들에게 물어보면 '하고 싶은 것을 하는 것'이라고 한다. 조금 더 나아가면 '하고 싶은 것을 하되 다른 이에게 피해 주지 않는 것'이라고 한다. 이런 사람들에겐 하고 싶은 것을 못 하게 하면 자유가 없다고 한다.

또 다른 이에게 자유가 뭐냐고 물으면 '자유는 스스로의 이유로 움직이는 것'이라고 한다. 이런 사람들에겐 행동의 이유가 없으면 자유가 없는 것이다. 나는 내 학생들에게 공부는 왜 하냐고 묻는다. 대부분 학생은 공부하는 이유가 없다. 행동하는 이유가 없으면 자유가 없는 것이다. 자유가 없으면 노예다. 우리나라엔 자유가 없는 사람이 참 많다.

또 다른 이에게 자유란 무엇인가를 물으면 '자유는 내가 하고 싶지 않은 행동과 느끼고 싶지 않은 감정을 선택하지 않는 것'이라고 한다. '오늘부터 다이어트를 할 거야. 6시부터 아무것도 안 먹어' 했지만 집에 갔더니 피자가 있어서 '다이어트는 내일부터!'를 외쳤다면 이 사람은 자유가 없는 사람이다.

사랑이 무엇인가에 대해 돌아가신 스승한테 물었더니 이런 예시를 알려주셨다. 고등학교 한 반에 친구가 3명인 학생이 있었는데 다른 이가 그 학생 3명의 친구 중 한 친구를 때렸다. 그럼 그 학생은 자기 친구를 때린 다른 이에게 화를 냈다. 이게 그 학생의 사랑의 범위다. 그런데 그 반의 반장이 있었다. 다른 반 애가 그 반 애를 때렸다. 그래서 그 반장이 화를 냈다. 이게 이 반장의 사랑의 범위다. 아까 그 학생과 이 반장은 사랑의 범위가 다르다. 그래서 대화가 조금 안 될 수도 있다.

그 학교에 전교회장이 있었다. 다른 학교 학생이 그 학교 학생을 때렸다. 그래서 그 전교회장이 화를 냈다. 이게 그 전교회장의 사랑의 범위다. 누군가는 수원시가 범위이고 누군가는 경상도가 범위이고 누군가는 대한민국이 범위다. 또 누군가는 전 인류가 범위이다. 사람의 범위가 다르면 범위가 작은 이는 큰 사람을 이해하지 못한다. 범위가 바로 의식 수준이고 의식 수준이 좁으면 넓은 사람을 이해할 수 없다.

교육이란 단어도 마찬가지다. 누군가는 교육은 지식을 전달해 모르는 것을 알게 하는 것이라고 한다. 또 누군가는 교육은 모르는 것을 전달해 이러이러한 행동을 하게 하는 것이라고 한다. 또 다른 이는 교육은 지식과 방법을 전달해 세상을 살아가는 방법을 알게 하는 것이라고 한다. 옛날 누군가는 교육은 사람 속에 있는 전생의 '나'를 끄집어내어 기억하게 하는 것이라고 한다. 또 누군가는 교육이란 자신이 원하는 '나'를 선택하고 그 자신을 만들어가게 하는 것이라고 한다.

단어의 정의는 정해진 것이 아니다. 나의 의식 수준에 따라 정의는 달라진다. 세상을 보는 방식도 마찬가지다. 내가 능력이 없으면 세상은 무서운 곳이다. 내가 능력이 있으면 세상은 공평한 곳이다. 내가 성장하고 싶으면 세상은 괜찮은 교육장이다. 내가 세상이 움직이는 법칙을 알고 있으면 세상은 순리대로 돌아가는 곳이다. 내가 사랑을 주고 싶으면 세상은 사랑으로 넘쳐나는 곳이다.

중요한 것은 나의 의식 수준이다. 정해진 지식을 알려주는 것은, 그래서 정해진 지식을 평생 그렇게 알고 살라고 하는 것은 평생 성장하지 말라는 말이다. 그 어떤 단어도, 그 어떤 상황도, 그 어떤 관계도 내 의식 수준이 높아지면 그 속에 품은 의미는 달라진다. 이렇게 학생들의 의식 수준을 높이게 하는 유일한 존재가 바로 학생 앞에 선 교사다. 아이들의 눈을 보며, 아이들의 존재를 느끼며 자신의 삶을 이야기한다. 그 어떤 이야기를 해도 그것은 그 교사의 의식 수준이다. 그 교사의 의식 수준은, 그 교사의 삶은 아이들의 의식 수준을 높여줄 촉매제가 된다. 더는 단순히 지식이나 방법만을 전달하는 과정을 교육이라 하지 말아야 한다.

교육에는 영혼이 담겨야 한다. 고안해 낸 계획대로 해나가는 것보다 과정을 안내하는 사람의 개인성이 더욱 중요하다. 교육은 교사 그 자체다. 교육은 교사의 존재와 삶을 도구로 아이들 스스로 자신만의 '나'를 선택하고 만들어가게 해야 한다. 평생 성장하게 만들어야 한다. 살아갈 이유를 스스로 만들게 해야 한다.

나는 내 학생이 성장하길 원한다. 내 학생의 의식 수준이 높아지길 원한다. 다른 이와 연결되길 원한다. 다른 이와 함께하길 원한다. 내가 지금껏 쓴 이 글도 나의 의식 수준만큼이다. 나는 더욱 외부와 연결되길 원한다. 나는 더욱 세상의 진실을 내 속에서 보고 경험하길 원한다. 지금껏 내가 읽어온 나의 선배들의 글과 체험을 나의 속에서 그와 같이 보고 경험하고 그 과정을 증언하는 자가 되고 싶다. 계속 성장하고 싶다.

난 나의 성장이 내 주변 모두의 성장임을 안다. 매 순간 조금씩 어떨 땐 확 변한다. 그래서 지금도 삶이 즐겁다. 어제와 오늘이 다르고 아까와 지금이 다르다. 내 경험은 내 주변을 감염시킨다. 내 주변도 내 경험을 듣기를 즐기고 나와 같은 경험을 하고 싶어 하고 나와 함께 성장한다. 세상이 날 응원하고 있고 함께 하고 있다. 고요하고 평온하다.

에필로그

일부러 같은 지식을 군데군데 여러 번 썼다. 하지만 처음에 읽었던 느낌과 마지막에 다시 읽었던 느낌은 다를 것이다. 국어 에는 '점층법'이란 표현법이 있다. "한 사람이 죽음을 두려워하 지 않으면, 열 사람을 당하리라. 열은 백을 당하고, 백은 천을 당 하며, 천은 만을 당하며, 만으로써 천하를 얻으리라"처럼 표현 한다. 이렇게 크기가 커지면서 분위기가 고조되는 점층이 될 수 도 있지만 같은 내용을 반복해도 점층이 된다. '배고프다', '배고 프다', '배고프다' 첫 번째 배고픔과 세 번째 배고픔은 같지 않 다. 세 번째 배고픔은 더 큰 배고픔이다. 흔히 반복을 지겹다고 한다. 하지만 반복은 내가 원하는 '나'를 만드는 가장 좋은 방법 이다. 몸에 배어 저절로 행하는 행동, 모습, 생각 이것이 '나'다. 내가 원하는 행동과 선택을 반복하면 진짜 내가 원하는 '나'가 점점 점층된다.

독서라는 것은 내가 또 다른 내면의 '나'에게 읽어주는 혼잣

말이다. 하지만 그 혼잣말을 반복하면 그 혼잣말은 그 일을 실제 경험한 것처럼 '나'의 일부분을 구성한다. 마치 실제 레몬을 먹은 느낌과 레몬을 생각만 했는데 나오는 군침처럼 우리 몸은 두 개를 구분하지 못한다. 의식 수준이 높아지는 혼잣말은 반복하면 나의 의식 수준을 높인다. 처음 '지'편을 읽고 '교'와 '육'을 넘어 '행'까지 오면서 의식 수준이 높아짐을 의도했다. 같은 얘기를 조금씩 반복했지만 그 같은 얘기를 '지식'으로 읽을 때와 '교'로 볼 때 '육'으로 볼 때 그리고 직접 행동했을 때를 다르게 썼다. 그래서 같지만 다르게 점층되도록 썼다.

이 책 자체가 나의 '교'가 되도록, 나의 '육'이 되도록 썼다. 이 책이 지금 이 글을 읽고 있는 그대만의 환경에서 그대만의 방법으로 그대만의 의도로 '행'해지길 바란다. 모든 사람은 '교육자'가 될 수 있다. 그의 지금을 보고 그의 존재를 느끼며 그의 성장을 의도하며 무언가를 안내하면 그 무엇이든 '교육'이 된다. 스스로 성장하려고 노력하고 그 성장한 만큼 주변에 나누려고 하는 사람은 누구나 '교육자'이다.

더는 영혼 없이 정해진 지식과 방법만을 전달하는 과정을 교육이라 부르지 않아야 한다. 아니다 싶은 교육을 계속하기엔 인생은 너무 소중하다. 우리나라는 사람을 성장시키려는 교육자와 이런 교육을 앞으로 해낼 사람들이 바꿔 갈 것이다.

나는 나를 세상과 연결하고 나를 성장시켜 그 경험으로 내 앞에 있는 '너' 하나를 스스로 만족하는 스스로의 '나'를 만들어가게 함으로써 세상을 바꿀 것이다. 내가 스스로 만족하는 '나'는 순간적이지 않다. 내가 스스로 만족하는 '나'는 이번 생에도 다음 생에도 계속해서 성장할 것이다. 순간적이지 않고 영원한 것에 집중하는 것, 그것은 바로 내가 스스로 원하고 만족하는 '나'를 만들어가는 과정이다.

나는 미숙하다. 모르고 못하는 게 너무 많다. 내가 겨우 내디딘 발자국은 반 발자국이다. 내가 내디뎌야 하는 발자국은 99걸음이다. 그래서 이렇게 책으로, 다른 이에게 내 얘기를 하는 것이 부끄럽다. 하지만 누군가 말했다. 나에게 정말 필요한 스승은 저 멀리 있는 멋진 스승이 아니라 나보다 반 발짝 앞선 사람이라고. 그래서 내가 지금 겪고 있는 시행착오를 최근에 극복해 본 과정을 잘 안내해 줄 것이라고. 이 말에 힘을 내서 책을 썼다. 그 누군가에겐, 나보다 반 발짝 뒤에 오는 그 누군가에게 도움이 되리라 생각했다.

책을 쓰는 중간중간 누군가가 도와준다는 느낌이 들었다. 아직은 누군지 못 느끼지만 언젠가 알아볼 수 있게 되었을 때, 그동안 나를 지켜보고 함께 해 주어서 고맙다고 전하고 싶다.

참고 도서

7-14세를 위한 교육 예술 / 푸른씨앗

인간에 대한 보편적인 앎 / 밝은누리

교육은 치료다 / 물병자리

인간과 지구의 발달 / 한국인지학출판사

자유의 철학 / 수신제

요한복음 강의 / 물병자리

젊은이여 앎을 삶이 되도록 일깨우라 / 밝은누리

철학, 우주론, 종교 / 한국인지학출판사

인간 자아 인식으로 가는 하나의 길 / 푸른씨앗

괴테 세계관의 인식론적 기초 / 한국인지학출판사

구르지예프의 길 / The9